意識的な行動の無意識的な理由

心理学ビジュアル百科
認知心理学編

越智啓太 編

創元社

目次

01　認知心理学とは何か ……… 6

I 知覚のミステリー

02　色の見分け方は男女で違う ……… 12
03　他人が苦手なのは運動の知覚に困難があるから？ ……… 16
04　つるつる、すべすべ、ざらざら ……… 20
05　実際の夜空と写真の夜空はどう違うのか ……… 24
06　赤ちゃんの奥行き知覚 ……… 28
07　テレビで見る車輪はなぜ逆回転するのか ……… 32
08　自分の眼のつくりを見る方法 ……… 36
09　退屈な時間はなぜ長く感じられるのか ……… 40
10　生死を分かつ瞬間、世界の見え方が変わる ……… 44
11　子どもは感覚情報をどう結びつけているか ……… 48
12　まとまる形、崩れる形 ……… 52
13　そのドレスは青か白か ……… 56
14　赤で勝つ？ ……… 60
15　違和感の正体 ……… 64
16　ヘビとクモには要注意！ ……… 68

II 記憶のワンダーランド

17　記憶の心理学的モデル ……… 74
18　単なる刺激が記憶になるプロセス ……… 78
19　記憶の宮殿 ……… 82
20　画像は言葉よりも記憶に残る ……… 86
21　歴代のアメリカ大統領、誰を思い出す？ ……… 90
22　記憶の中に密かに織り込まれているもの ……… 94
23　記憶は自分で思うほど当てにならない ……… 98
24　想像力のインフレーション ……… 102

25 心の中の風景はどこまでも広がる ……… 106
26 私たちは認知の倹約家 ……… 110
27 ディテールの誘惑 ……… 114
28 衝撃的な瞬間をプリントする ……… 118
29 目撃証言の光と影 ……… 122
30 子どもは見たままを覚えられるのか ……… 126
31 テトリスで何が良くなる？ ……… 130

III 環境との複雑なインタラクション

32 なぜ赤ちゃんは勉強せずに言語を習得できるのか ……… 136
33 イルカと話す ……… 140
34 言葉を読めない人は言葉を話せないのか ……… 144
35 物語を理解する心の仕組み ……… 148
36 森を見て木を見る ……… 152
37 文化によって心の働きは異なる ……… 156
38 顔が目の前で入れ替わる……あなたはいったい誰？ ……… 160
39 近づけば近づくほど、不気味 ……… 164
40 魅力的な顔とはどのような顔か ……… 168
41 人工知能が人間を超える ……… 172
42 意識的な行動はどこまで意識的か ……… 176
43 セクシー広告の効果 ……… 180
44 レッドブルは本当に翼を授ける？ ……… 184
45 事故も進化する ……… 188
46 他者の感情を読み取る能力 ……… 192
47 犯罪者の歪んだ認知 ……… 196
48 精神疾患になりやすい人ほど創造的なのか ……… 200
49 環境とストレスの複雑な関係 ……… 204

50 認知心理学のこれから ……… 208

参考文献・図表出典 ……… 212
索引 ……… 218

01

認知心理学とは何か

Keywords
- 情報処理的アプローチ
- 知覚
- 記憶
- 思考
- 言語

　認知心理学という言葉は、専門外の人には若干耳慣れないものだと思う。しかし、実際には心理学の中で非常に大きな部分を占める重要な研究分野の1つである。通常、私たちの多くが「心理学」といって想像するのは、臨床心理学やカウンセリングの分野である。これらの分野は人間の心理的な活動がうまくいかなくなってしまった状況、例えば、うつ病や不安障害になってしまったり、人生の目標を見失ったり、友人関係がうまく構築できなかったり、離婚の危機を迎えたりした場合、そのような状況を理解し、その解決をサポートしていくという学問である。しかし、このような「うまく機能しなくなった人間」を研究するにあたっては、そもそも「うまく機能している人間」というものがどのようなメカニズムで動いているのかを理解していくことが必要である。実は、心理学の多くの分野はこの「うまく機能している人間」をその研究対象としている。本書を読んでもらえればわかることだが、人間という生き物はかなり複雑ですばらしい機能を持っているのである。

心理学の歴史

　では、「うまく機能している人間」を研究するといっても、どのようにすればよいのだろうか？　これにも実はさまざまなアプローチがある。例えば、生物学や医学は主に人間の臓器や脳神経系、ホルモンなどのハードウェアの観点から人間を理解しようと試みている。これに対して、心理学が扱うのはソフトウェアの観点である。コンピュータがハードウェアだけでは動

心の探究

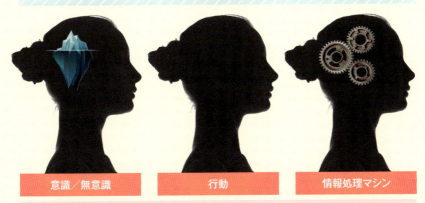

意識／無意識　　行動　　情報処理マシン

心理学の歴史は、意識と無意識をさまざまな思索や推論を重ねていくことで理解しようとすることから始まった。その後、行動主義と呼ばれる流れが起こり、外部から客観的に観察可能な行動のみを研究対象とすることを提唱し、科学としての心理学の発展に大きく貢献した。そして現在では、人間の複雑で高度な情報処理を、コンピュータをモデルとして理解しようとするアプローチ、すなわち認知心理学が主要分野の1つとなっている。

かないように、人間も精密なハードウェアの上に行動を決める複雑なソフトウェアが存在しているのである。

　歴史的に心理学が最初に目をつけたのは、私たちの意識である。私たちの意識をできるだけ客観的に観察し、ある行動を行うときの意識の働きを明らかにしようとしたのである。しかし、この方法には大きな限界があった。1つは、そもそも外部から観察できない意識の働きのようなものを客観的に調査するのは困難だということである。もう1つは、私たちの行動の多くは意識化されない無意識の状態で行われているということである。もちろん、意識の観察では無意識の働きを調べることは難しい。

　ジークムント・フロイトに代表される精神分析の流れは、この無意識の働きをさまざまな証拠から推論してモデルを作るという方向に研究を進めたが、多くの心理学者は、客観的に観察できないこの意識というものを研究から排除し、外部から客観的に観察できる行動のみを研究の対象にするという方針をとった。この流れの研究を行動主義という。

　行動主義の心理学は、人間以外の動物、例えばイヌやネコ、ラットやマ

ウスなどの行動の研究を可能にしたという意味では大きな進展であった。しかし、その一方で、記憶や言語、思考などの研究、とくに人間が行っていて「人間らしさ」をつくり出している高度な行動についての研究は置き去りにされてしまった。

このような領域を何とか研究することはできないのだろうか？　行動主義の時代に生きた心理学者の何人かはこの問題に取り組んだ。ところで、この時代に、科学の世界では大きな進展があった。それはコンピュータの発明とその急速な発展である。コンピュータは、プログラムによって計算だけでなくさまざまな作業を行うことが可能であり、しかも、記憶や思考などの情報処理を実行できるマシンである。このコンピュータを人間のモデルとして使用し、人間の高度な情報処理を研究することができるのではないか、彼らはそう考え、このような方法論による新しい心理学をつくり出したのである。これが認知心理学の始まりである。

認知心理学の主な研究分野

認知心理学の研究分野は大きく「知覚」「記憶」「思考」「言語」の4つに分けることができる。

「知覚」は、私たちが見たり聞いたり、あるいは触れたり嗅いだりしたものが何であるかを認識するプロセスについて研究する分野である。人間はこれらの作業をほとんど無意識的に一瞬で行っているため、実は長い間、これらのプロセスの複雑性に気づいていなかった。ところが、研究を進めるにつれ、これらのプロセスが極めて複雑で高度なものだということがわかってきた。例えば、コンピュータは現在でも人間と同じような目や耳を獲得するには至っていない。

「記憶」は、私たちの記憶システムの仕組みについて研究する分野である。記憶といってすぐに思い浮かぶのは、子どもの頃の思い出や昨日のパーティーでの会話などの記憶であるが、これらはエピソード記憶と言われる種類の記憶で、さまざまな記憶のうちの1つの種類に過ぎない。

「人間らしさ」の解明に向けて

知覚　　記憶　　思考　　言語

「知覚」「記憶」「思考」「言語」の4つが認知心理学の主な研究分野である。いずれも人間の本質、「人間らしさ」を形づくる高度な心理的機能であり、尽きない謎に満ちた、大いに探究の価値がある現象である。

他にも英単語や歴史の年号などの記憶や、自転車に乗ったり料理を作ったりする手順についての記憶がある。英語をしゃべったり、数学の問題を解いたりすることができるのも、関連する記憶があるからである。

「思考」は、私たちがものを考えるプロセスを明らかにしようとする研究分野である。思考はコンピュータが最も得意とするところであり、人工知能が行っていることはまさに人工的な思考である。ただし、チェスや将棋などコンピュータが人間に追いつくのが現在でもなかなか困難な領域や、哲学的思索や新しいアイディアの創造などまだまだ人間しかできない領域もある。

「言語」は、人間の使用している言語システムのメカニズムを明らかにしていこうという研究分野である。私たちは生まれ育っていく中でどのように言語を獲得するのか、そもそも言語システムの元になるようなソフトウェアが私たちに組み込まれているのか、聞いた音声を言語として同定し認識するのはどのような仕組みなのか、その意味を解析するのはどのようなやり方なのか、小説や会話などを理解できるのはなぜか、こうした研究を行っている。

最近ではこのような分野に加え、「感情」や「社会的行動」の分野にも認知心理学的な方法論が取り入れられ、存在感を強めている。（越智啓太）

I
知覚のミステリー

02

色の見分け方は男女で違う

Keywords
ヤング・ヘルムホルツの3色説
混色
色覚異常
4色型色覚
遺伝子

　世界は視覚によって鮮やかに色づいて見える。日常生活でも、色は多くの点で重要である。年頃の人やおしゃれを気にする人にとっては、どのような色の服を着るかは重要な関心事だろう。赤、黄、白の花は、緑の葉っぱの背景から目立つし、青、黄、赤などの交通標識を識別するのも色である。20世紀中頃のテレビは白黒、20世紀の終わり頃も、携帯電話の液晶は白黒だった。カラーテレビやカラー液晶に慣れてしまうと、色がない昔の白黒の表示はとても味気なく感じる。何億円もの価値があるとされる画家の絵も、極言すれば、価値の源は色の塗り方によるものだ。

　ただし、色は物質の、物理的または化学的な性質や特性ではない。17世紀の物理学者アイザック・ニュートンの言葉の通り、「光線には色はついていない」。色は私たちの脳がつくり出している、言わば錯覚である。

なぜ色が見えるのか

　色を知覚するために必要なことは大きく2つに分けられる。第1に、さまざまな波長を持つ光が眼に届かなくてはならない。光は電磁波の一種である。電磁波はその波長に応じて、電波、可視光線、放射線などと呼ばれる。地上に届く太陽の光は、いろいろな長さを持つ波長を含んでいる。中学校の理科の時間にプリズムの実験で、太陽光を虹色に分解する実験をした人もいるだろう。波長という表現が固くてピンとこない人は、ピアノの鍵盤やギターの指板を想像するとよい。高い音は波長が短く、低

い音は波長が長い。波長の変化は、ピアノで言えば音階、音の高さに対応する。ドレミファソラシドという変化は、波長の違いである。鍵盤を1つたたくと、それに対応する、特定の高さの音が聞こえる。視覚で言えば、虹の中の特定の色が見えることに対応する。それに対し、太陽光はさまざまな波長を同時に含む。ピアノで言えば、小さな子どもがやるように、手のひらやひじを使って鍵盤を同時にジャーンと鳴らすことに対応する。電磁波のうち、波長が380〜780ナノメートルあたりのものは可視光線と呼ばれる。1ナノメートルは100万分の1ミリメートルであり、だいたい1ミリメートルを2,000分割した長さが緑色の波長である。波長とは対照的に、電磁波の振幅は音の強さに対応する。

　ある種の生物は、人間が見える範囲を超えた波長を「見る」ことができる。鳥および昆虫の中には、紫外線に反応する視細胞を持つ生物もいる。花によっては、紫外線の反射特性が異なるものがあり、ミツバチがそのような花を見ると、人間には見えない模様が見えていることになる。紫外線は可視光線より波長が短いのに対し、赤外線は波長が長い。ヘビは赤外線に反応する視細胞を持っているものもいる。人間は紫外線や赤外線に反応する視細胞を持たないので、そのような電磁波を色として認識することはできない。

何種類の視細胞が必要か

　色を知覚するために必要な第2の点として、眼に届いた光を網膜の視細胞が電気的活動に変換することがある。光が電流に変換されるという点では、視細胞と太陽電池は同じである。

　色を見分けるためには、網膜上では何種類の視細胞が必要なのだろうか。19世紀に活躍した科学者であるトーマス・ヤングとヘルマン・フォン・ヘルムホルツは、網膜上の視細胞は3種類でよいという仮説を提唱した。現在これはヤング・ヘルムホルツの3色説として知られているものである。

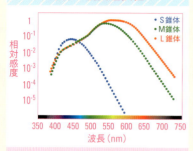

錐体の波長選択性

錐体の種類によって、反応が最大となる波長は異なる。私たちはこの反応の組み合わせをもとに色を見分けている。

錐体の分布

錐体は3種類で、2次元平面的な網膜にモザイク状に広がっている。

視野全体にわたって、ある明るさの光が一様に届くとき、網膜上のそれぞれの場所で、視細胞（錐体）が光を受け取る。視細胞は2次元平面の上でモザイク状に並んでいるとする。ある視細胞の反応の特性を表すため、横軸に波長、縦軸に反応の強さを考えることにしよう。さまざまな波長の光を順に当てて、反応がどのように変わるかを調べる。反応の仕方をもとに視細胞の分類を行う場合、3色説によれば視細胞の反応の仕方は無数にあるのではなく、たった3種類でよい。3種類の視細胞がさほど偏りなく平面上に分布しているとすると、互いに近い場所にある視細胞の反応の組み合わせをもとに、多くの色を見分けることができる。3種類の視細胞は、現在ではS錐体、M錐体、L錐体という名称で呼ばれる。S、M、Lはそれぞれショート、ミドル、ロングの頭文字である。S・M・L錐体の反応が最大となる波長は、それぞれおよそ420、530、555ナノメートルである。

混色と色覚の性差

3色説と一致する現象として、混色と色覚異常がある。混色によって、数種類の色を組み合わせて、さまざまな色を表現できる。美術の時間に、絵の具を混ぜて微妙な色合いを出すことができたのを思い出そう。パソコンや携帯電話のディスプレイは赤、緑、青の3種類の画素しかないにもかかわらず、微妙に異なる多くの色を知覚できる。隣接する画素の間隔が狭く、視細胞の分布と近いかそれ以下であるために、色が混じって

見えるのだ。これは空間解像度の限界を利用したものであるが、時間解像度の限界を利用した混色もある。赤、緑、青で描いた画像を高速に交代させて提示するプロジェクターを見ているときに目を素早く移動させると、一瞬、赤、緑、青の原色が見えることを体験できる。絵の具の混色はもう少し複雑であるが、少ない原色から微妙に異なる色合いを表現できるという点では同じだ。

3色説を支持するもう1つの現象として、色覚異常がある。日本人では成人男性の4.5%、女性では0.6％が色覚異常である。多くの色覚異常の人は、緑と赤の区別がつきにくい。これは、錐体のうち、中波長および長波長光に対して強い応答を示すM錐体またはL錐体がない、あるいはその働きが弱いということから説明される。

色覚異常の世界

多くの色覚異常の人は、緑と赤の区別がつきにくい。M錐体やL錐体がそもそもなかったり、それらの働きが弱いためだ。そして、それは遺伝的な要因による。

男女で色覚異常の割合が異なるのは、染色体の違いによる。高校生物で学ぶように、男性はX染色体とY染色体を持ち、女性は2つのX染色体を持つ。ヒトには22対の常染色体と、2つの性染色体がある。遺伝子の解析により、色覚は性染色体と関係していることがわかっている。M錐体とL錐体をつくり出す遺伝子はX染色体にある。S錐体と桿体をコードする遺伝子はそれぞれ7番染色体と3番染色体にある。L錐体は2種類あり、4〜7ナノメートルほど、ピークがわずかにずれている。両方のタイプを持つ女性は、計4種類の錐体を持つことになる。3色説の考え方を応用すると、L錐体は主に赤付近の色に強く反応することから、微妙な赤の違いを、異なる色として知覚している可能性があるということだ。実際に、3色型用の色覚テストについて違和感を訴えるケース、色の見えに関してより豊かな体験があると報告する女性もいる。（光藤宏行）

03

他人が苦手なのは
運動の知覚に困難があるから？

Keywords
運動視
バイオロジカル・モーション
自閉症スペクトラム障害
個人差

　丸や四角は、視覚的な形としてわかりやすい。白い紙の上に黒いペンで円を描く場面を想像しよう。黒い円という形は、白い背景とは「明るさ」に関して異なっている。白い紙に赤いペンで四角を描けば、四角という形は「色」に関して背景と異なっていると言える。このような場合、明るさや色は、形を定義している視覚的な特徴である。プロフェッショナルな画家は、もっと複雑で精密な3次元形状でさえ、鉛筆や絵具だけで表現できる。この場合でもやはり、対象の形は明るさや色によって定義されていると言える。

形を定義する「動き」

　形を定義できるのは、明るさや色だけではない。形は、「動き（運動）」によっても定義できる。運動から形や奥行きを見るという能力が人間に備わっていることを示す例として、「運動からの構造復元」と呼ばれるものがある。考案した研究者の名をとって、ウルマンの円筒とも呼ばれる。ランダムな位置に配置した点を、一貫した方法で規則的に動かすと、立体感のある形が知覚される。ウルマンの円筒でおもしろいのは、奥行きの方向が、見方によって反転するという点だ。円筒の回転方向が、突如逆になって見える。バレリーナが回って見える影絵、シルエット錯視またはスピンダンサー錯視はこの原理の応用である。

　視覚的な動きから形を知覚するときに、奥行きの量と方向が

決まる例はいくつかある。1つは運動視差である。これは水平方向に移動するパターンに頭や眼を同期させて動かすと、奥行きを持つ形状が知覚されるものだ。運動からの構造復元と違うのは、奥行きの量の知覚に加えて、奥行きの方向が頭や眼の動きの向きによって決まるという点である。近年の研究では、対象を眼で追従するときの眼球の回転速度に関する信号が奥行きの方向を決めるために使われていると指摘されている。

バイオロジカル・モーションと自閉症スペクトラム障害

動きから形が知覚される別の例として、バイオロジカル・モーション（生物学的運動）がある。止まっている点だけだと何かはわからないが、動き出すと、人などの生き物であるということがわかる映像である。これはスウェーデンの心理学者グンナー・ヨハンソンによって開発された方法で、明るさや色による形の手がかりを排除するために、人の主要な関節に光点をつけて暗闇で撮影した映像が使われた。このような例から、純粋に視覚的な運動の情報だけから形を認識する能力を私たちは有していることがわかる。

このような運動を知覚する能力は、特定の種類の障害と関係している可能性が指摘されている。他者と関わることが苦手な、自閉症ス

ウルマンの円筒とシルエット錯視

ウルマンの円筒（上）は、ランダムに配置された点を規則的に動かすと立体感のある形が知覚されるというもの。この原理を応用したのがシルエット錯視（下）で、実際には同じものを繰り返し見ているだけなのに、回転する影絵のダンサーの回転方向が突如反転して見えたりする。

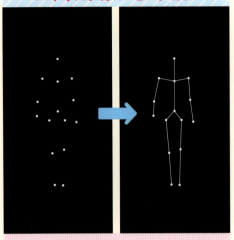

バイオロジカル・モーション

静止した点だけだと何かわからないが、動き出すと生き物であることがすぐにわかる。これは、生き物の動きに敏感に反応する能力を反映している。

ペクトラム障害を持つ人がいる。例えば人と見つめ合うことが苦手だったり、言語的なやりとりが苦手という障害である。そのような人を対象としてバイオロジカル・モーションの映像を見せると、その形を認識しづらいことを示す実験結果がある。ヴァンダービルト大学のランドルフ・ブレイクらは、定型発達児、つまり特定の障害がない児童と、自閉症スペクトラム障害児にバイオロジカル・モーションを見せて、それに基づく形の認識成績を比較した。ブレイクらは、バイオロジカル・モーションだけではなく、明るさで定義された要素から構成される、動いていない線画から形を知覚する能力の測定も行った。すると、自閉症スペクトラム障害児と定型発達児は線画によって形を認識する能力には差は見られなかった一方、自閉症スペクトラム障害児がバイオロジカル・モーションを知覚する能力は定型発達児より低いことがわかった。したがって自閉症スペクトラム障害を持つ人が他者と関わることが苦手なのは、視覚的運動の情報の一部を正しく処理できないことが関係している可能性がある。

　ザールラント大学病院のクリスティーヌ・フライタグらは、2008年に発表した研究で、運動映像を観察するときの自閉症スペクトラム障害者の脳活動を機能的磁気共鳴画像

自閉症スペクトラム障害者の運動知覚

定型発達者

バイオロジカル・モーション
などの運動映像

運動情報に対する神経活動が低下

自閉症スペクトラム障害者

> フライタグらの研究によると、自閉症スペクトラム障害者は定型発達者に比べ、バイオロジカル・モーションだけでなく、バイオロジカル・モーションが知覚されない運動映像に対しても神経活動の低下が見られた。特定の障害と運動を知覚する能力との関連性をうかがわせる研究結果だ。

法（fMRI）で測定した。この方法を用いることで、特定の映像を観察するときの脳の活動部位を知ることができる。定型発達者と比較すると、バイオロジカル・モーション観察中の神経活動は全体的に低下していた。しかしバイオロジカル・モーションが知覚されない運動映像に対しても、定型発達者と比較すると活動低下が見られたことから、自閉症スペクトラム障害者はバイオロジカル・モーションの知覚だけが苦手なのではなく、全体的な運動を知覚することに困難があるという可能性を指摘している。このような視点は、課題を少し変更した他の研究でも支持されている。

（光藤宏行）

他人が苦手なのは
運動の知覚に困難があるから？

つるつる、すべすべ、ざらざら

Keywords
触覚
視覚
質感の知覚

　身の回りの物体に触れると、物体の表面はさまざまに異なっていることがわかる。手触りのよい毛布は柔らかくふわふわしていて、何回も使って洗濯した木綿の雑巾はざらざらした感じがする。歩いていて転んだアスファルトは粗く、アスファルトに含まれるごつごつした石の塊を感じることもある。磨き上げられた車の外装の表面はつるつるで光沢があり、指で触るとキュッキュッと音がする。

触覚による物体の認識

　このような材質の違いを触覚によって判断できるのは、まず物体に触れたときに皮膚に加わる圧力の分布の情報による。物体に触れたときには、物体やその部分の配置、形、大きさによって、皮膚に加わる圧力の分布が変化する。この情報は、皮膚の中の何層にもわたる神経細胞を通じて電気的活動に変換される。よって圧力をつくり出す物体の部分的な形状は、触覚による物体認識の基盤である。例えば、物体表面の凹凸（粗さ）を識別するときは、凸の細かな部分の間の距離が重要な手がかりであることがわかっている。対象に触れて手を動かさない場合、要素の大きさが100マイクロメートル（0.1ミリメートル）程度までであれば粗さの違いを識別できる。さらに手を動かすことで、10マイクロメートル程度までの粗さを識別できる。人は最大で1.25ミリメートル程度までの間隔の違いを表面の粗さの違いとして知覚できる一方、それより大きな間隔を持つ物体に対

しても形状の認識が可能である。さらに、対象に触れる強さ、つまり物体に触れるときの力の加減によって皮膚が沈み込む度合いも、素材の認識に影響を与える。

　触覚による認識では、皮膚に与えられる圧力変化の情報に加えて、どのように手などの身体を動かしたかという筋運動的な情報、さらには身体運動の結果として得られる振動などの情報も、重要な役割を果たしている。アップル社製のノート型コンピュータであるマックブックは、トラックパッドの部分を押すとトラックパッドが少し沈むように感じる。しかし実際にはトラックパッドは音を発し、振動しているだけであり、触覚による錯覚を利用した装置である。また触覚的認識であっても、認識の対象が皮膚に触れることは必ずしも必要ではない。杖で床や地面をたたくと、振動が手に伝わる。金属、アスファルト、土の地面や床には直接触れていないにもかかわらず、杖に伝わる振動によってそれらの違いを識別可能である。視覚障害者の杖は、振動による物体の認識だけでなく空間の認識に役立っていることを示す研究もある。このように考えると、振動の情報も環境を認識する重要な手がかりであると言える。

視覚による物体の認識

　物体にまったく触れずに対象の様子を知るためには、視覚が必要になる。私たちは物体にいっさい触れることなく、見かけ、つまり視覚情報に基づいて、ある程度は物体の表面の様子や素材、すなわち質感を推測できる。

　質感を視覚的に判断するときに用いられる手がかりの1つに、陰影やハイライトがある。これらは、照明の位置と種類、物体の3次元形状と反射率（表面の明るさ）に基づいてつくられる特徴である。ハイライトは、光沢のある面に照明自体が写り込んで生じる明るい要素である。ハイライトがある物体は、言い換えると鏡のように反射する表面である。これを鏡面反射と呼び、その量は観察者の視点に対する面の向きで決まる。

04

見ればわかる

私たちは陰影やハイライトなどさまざまな手がかりを利用することによって、物体にいっさい触れることなくその質感を識別することができる。

　これは物体が移動するとハイライトなどの相対的な位置が変化することを意味する。それに対し、やすりで磨いた石膏などのように、反射率が高くても（すなわち、明るくても）ハイライトができない、マットな感じの面もある。これは拡散反射と呼び、視点の位置の影響を受けず照明に対する面の方向で決まる。
　コンピュータ・グラフィックスでは、物体の3次元形状と反射率のデータをもとに、2次元的な画像を生成する。ヒトの場合は反対に、2次元的な網膜像から3次元形状と反射率を推定するという、なかなか大変そうな課題を行っている。実際、NTTコミュニケーション科学基礎研究所の西

田眞也らの研究によれば、物体の表面の3次元形状が見慣れない形状であるときには、ヒトは表面の明るさを正しく推定することは難しい。ただし、マサチューセッツ工科大学のローランド・フレミングらの研究によれば、現実世界の照明条件を模した場合には、照明条件が異なっていても物体の明るさや光沢を正しく判断できる。NTTコミュニケーション科学基礎研究所の本吉勇らの心理学実験によれば、表面の明るさや光沢の判断は、ある程度の空間範囲の特徴分布を手がかりとするヒューリスティックな処理によって行われていると考えられる。

印象は操作できる

Motoyoshi et al. (2007)

本吉らが画像合成で作成したミケランジェロの聖マタイ彫刻の画像。左は光沢を感じるが、右はそのようには見えない。左の画像にはハイライトがある。このハイライトの有無によって、質感の知覚を操作できるのだ。

　つるつるした光沢感のある物体は、物理的に透明または半透明であることもある。視覚に基づいて透明感をどのようにヒトは判断しているかに関する心理学的研究も多くなされている。それによると、透明感を単色で表現することは不可能であり、明るさや色が異なる別々の領域が特定の仕方でまとまっている必要がある。表面特性を判断するときと同様に、透明感を推定するヒトの知覚的メカニズムは、コンピュータ・グラフィクス技術で用いられているような物理的な光学的プロセスを模擬しているのではなさそうだ。むしろ、ある程度の空間的範囲の情報を手がかりとして、近似的な解をすばやく得るための洗練された情報処理が行われていると考えられる。

（光藤宏行）

05

実際の夜空と写真の夜空はどう違うのか

Keywords
奥行き知覚
両眼立体視
両眼網膜像差
距離の錯覚

　私たちを取り巻く普段の環境は立体的、すなわち3次元的に感じられる。それに対し、視覚情報処理の出発点である網膜像は平べったく、2次元的である。1次元足りない。原理的に言えば、視線方向についての距離が定まれば、3次元となる。3次元的な世界を視覚システムはどのように復元しているのだろうか。3次元の解釈を行うためには、視覚システムは種々の仮定を用いなくてはならない。

　種々の仮定とは、画像に含まれる手がかりの情報を利用するということである。石に「手をかけて」上るというのが手がかりの語源である。視覚を登山にたとえると、網膜像は登山口で、外界の景色はまだ得られていない。眺めのよい頂上に到達するためには、岩の「手がかり」に手をかけてよじ登る。そして最終的には、見晴らしのよい3次元的な景色が得られる。

両眼で見て得られる立体感

　奥行き知覚の手がかりの1つが両眼性手がかりである。両眼性手がかりに基づいて3次元的世界を知覚することを、心理学では両眼立体視という。2018年現在、3D映画や3Dテレビなどの設備は相当に普及してきた。両眼立体視をより新しい言葉で言い直したのが3Dである。両眼立体視のためのとくに重要な手がかりは、両眼網膜像差、または両眼視差である。

　両眼網膜像差という名称は非常に堅苦しいが、原理は比較的シンプルである。3次元空間内で奥行きを定義できる最小限の場面を考えてみよう。次ページの図を見てほしい。視野の中に

2つだけ対象があり、観察者から見たときに2つの対象までの距離が異なっているとする。このとき2つの眼に映る像をよく見ると、わずかながら、2つの像に違いがあることがわかる。両眼で赤い点を注視しているとする。このとき青い点の網膜像は、右眼から見たとき、左眼から見える像と比べてわずかながら赤いほうに寄っている。このずれは両方の眼を使うと気づくことができ、両眼網膜像差と呼ばれる。両眼網膜像差を視覚システムが処理し、対象の3次元的な構造を推定するということが両眼立体視である。網膜像差は「水平」という形容をつけて、水平網膜像差や水平視差と呼ばれることもある。この場合、水平であるとは、両眼の中点を結ぶ軸に対して平行であるということである。

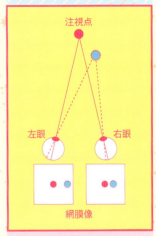

両眼網膜像差の仕組み

ヒトの両眼の間には6.5センチメートルほどの距離があるため、右眼に映る像と左眼に映る像にはわずかに違いが生じる。この像差を手がかりとすることで、奥行きの知覚が可能になる。

でたらめに見える位置に置いた多数の点に対して両眼網膜像差を設けた図形を、ランダムドットステレオグラムという。このような図はそのまま見ると、とくに意味があるようには見えない。しかし2つの画像を、いわゆる離れ目や寄り目にしたりして注意深く見たときには、別の形が現れる。2つの画像を重ねて見ることを両眼融合という。ランダムドットで形が見えるというのは、突き詰めて言えば、奥行きの違いだけで形が見える、ということになる。ランダムドットステレオグラムの学術的な意義は、両眼融合したときにのみ知覚される形が現れる、という点にある。日常の3次元世界で得られる像は、単眼性・絵画的奥行き手がかりをふんだんに含んでいる。したがってこのような画像を使って実験を行うと、見えの奥行きが両眼網膜像差の処理によるものなのか、単眼性手がかりによるものなのかを区別できない。

通常のステレオグラムは2つ1組だが、1枚でつくられているものはオートステレオグラムと呼ばれる。オートと言っても何もせず自動的に

ランダムドットステレオグラム

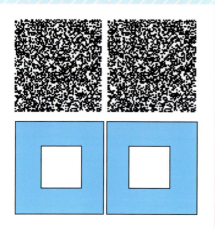

このステレオグラム（上の図）の観察の手順は次の通りである。①本を机の上に、眼の真下になるように置く。②図形の向きが2つの眼の方向と平行になるようにする。③頭ごと少しずつ本に近づけていき、遠くを見る気分で眼を少しずつ離していくと、図形がずれて、うまくすると3つになる状態がつくり出せる。真ん中の、重なった図形に意識を集中すると、形が見える。この場合、真ん中に正方形が見える。コツは眼をキョロキョロ動かさず、ゆっくりと眼の位置を変えていき、ちょうど図形が重なって見えるところを探すことだ。下の図は上のステレオグラムの説明図である。外側の青色の部分はまったく同じで、白い部分は水平方向にわずかにずれている。このずれが像差である。

見えるということではなく、意図的に寄り目か離れ目にすることが必要になる。

　映画館やテレビの3Dでは寄り目や離れ目は必要とされない。それは両眼に異なる画像を提示する技術が用いられているからだ。その中で一番安価なのは赤緑眼鏡を使うものだ。これは専門用語でアナグリフ法と呼ばれる手法である。赤い対象を緑のフィルターを通してみると暗く見え、赤いフィルターを通してみると明るく見える。緑の対象の場合は逆になる。黄色いものは、いずれのフィルターからでも明るく見え、黒いものはいずれのフィルターを通した場合でも黒く見える。このようにすると、画像に色を使うことで、異なる明暗を持つパターンを左右の眼に別々に提示できる。他には偏光フィルターを用いる方法がある。この場合はスクリーンに右眼用の画像と左眼用の画像をそれぞれ方位が90度異なる偏光成分のみで提示する。偏光フィルターをそれぞれの眼の前に置いて見ると、右眼と左眼に別々の画像を提示することができる。液晶シャッターやレンチキュラーレンズなどを用いる方法もある。方法はさまざまでも目的は1つで、両眼網膜像差を人工的につくり出すということだ。

夜空の星の両眼網膜像差

　ヒトはどの程度の範囲の像差を処理して奥行きを知覚することができるのだろうか。これについては数多くの研究が行われており、像差を奥行きとして知覚できる上限はおよそ視角で2〜3度の両眼像差である。下限は視角で1分（1度の60分の1）程度である。像差が大きすぎれば二重像が見えるし、小さければ平らに見える。

　夜空の星の間には、ご存じのように大きな距離の差がある。夜空の星の間に生じる両眼網膜像差の量はどの程度なのだろうか。地球から最も近い天体である月と、金星が近くに見える場面を考えてみよう。地球から月までの距離は約38万キロメートル、金星までは約1億5千万キロメートルである。両眼の間の距離を6.5センチメートルと仮定すると、このときに月と金星の間にできる両眼網膜像差は0.0000006分である。これはヒトが識別できる両眼網膜像差の下限である1分の、100万分の1以下と極めて小さい。すなわち右眼と左眼の像がまったく同じ状態、絵画を見ている場面と大差がないということだ。同様の計算を250メートル先の対象と130億光年向こうの銀河に対して行うと、生じる両眼網膜像差はおよそ0.9分となる。両眼で奥行きを識別できる下限はおおむね1分であることを考えると、250メートルより先の対象は、ビルの夜景であろうが星空であろうが何であれ、両眼で距離を識別することは極めて難しいと言えるだろう。したがって夜空の星とその写真は、両眼で見たときのずれの有無という点では、ほとんど同じなのだ。

（光藤宏行）

両眼網膜像差の限度

あまりに遠くにあるものは、両目で距離を識別することが極めて困難になる。その意味では、実際の夜空と写真の夜空は、ほとんど同じものなのだ。

06

赤ちゃんの奥行き知覚

- エイムズの部屋
- 絵画的奥行き手がかり
- 視覚的断崖

アメリカの心理学者アデルバート・エイムズ・ジュニアがつくり出したトリックがある。部屋をのぞく窓から部屋の中を見ると、そこにある対象の大きさがおかしく感じられてしまう。近年はトリックアートの1つとしてもよく用いられている「エイムズの部屋」だ。エイムズの部屋にだまされてしまう理由を考えることで、私たちが普段どのような情報を手がかりとして距離や奥行きを認識しているかを知ることができる。

だまされる理由

まず、エイムズの部屋の壁、床、天井の境目の線に注目しよう。すると、1点に向かってだいたい収束していることがわかる。これはパースペクティブまたは透視図法として知られているものと関係している。高校の美術で、1点やいくつかの点に収束するように描くと、本物らしい絵が描けると習う。エイムズの部屋では、実際にはこれらの線は3次元空間内では平行ではない。それにもかかわらず、視点を制限することで、ちょうど1点に収束するように見せかけてい

エイムズの部屋

Artazum/Shutterstock.com

私たちの知覚をだますための視覚的トリックが満載の空間。線遠近法の原理などをうまく利用している。

る。3次元空間内で平行な線は、2次元平面に投影したときに、遠くに行くにつれて間隔が狭まるという関係がある。このような画像の特徴を線遠近法手がかりと呼ぶ。さらに、床、天井、壁が1点で接する場所には、ちょうど「Y」の字となる部分が生じる(建物の外から見上げると、矢印の形になる)。エイムズの部屋の窓枠の部分の頂点には、「L」の形をした部分がある。線遠近法に従って描いた絵では、これらの「Y」、「L」、矢印の形を構成する線分は3次元空間では互いに直交している関係にある。これらの特徴は線遠近法から派生したものであり、接点手がかりと呼ばれる。

　線遠近法に一致するように、一定のパターンの模様をつけるとしよう。それを2次元平面に投影する場合、遠くに行くに従って要素は小さくなり、要素の間隔も狭くなる。これは肌理(テクスチャ)の勾配と呼ばれる。線遠近法と原理はとてもよく似ていて、要素の密度が高いほうが奥に、要素の密度が低いほうが手前に位置する。これは大きさ手がかりと呼ばれるものである。

　このような遠近法に基づく情報は、単眼性の奥行き手がかりである。単眼性というのは片眼の網膜像に含まれているという意味で、遠近法手がかりは絵画的奥行き手がかりの1つである。名称が示すように、静止画に描ける。単眼性の絵画的奥行き手がかりとしては、他にも大気遠近法手がかり、陰影手がかりなどがある。絵画でも、このようなことを意識して描くと、遠近感のある絵を描くことが可能である。それに対し、両眼の情報は両眼性手がかり

絵画的奥行き手がかり

間隔が狭くなる線
1点に交わる線

道路の線、橋、電灯の先を結ぶと、すべて1点に収束している。これは線遠近法によるものだ。遠くには山があり、やや青みがかって見え、その少し上の空は白っぽく見える。山は本当は木々が茂って緑のはずだが、大気の物理的な特性により、カメラや眼には遠くのものはコントラストが低く、明るく、青く映る。これは大気遠近法によるものである。

06

陰影手がかり

そのまま見ると、アスファルトの小石や金属っぽい部分の要素はえぐれて（引っ込んで）いるように見える。しかし本を180度回転させると、アスファルトや金属の部分は出っ張って見える。金属の部分は福岡市の路面電車の線路跡の一部である。出っ張って見えるときは、要素の上のほうが明るめになっている。概して、光源に対する面の角度が90度に近いときはその部分は明るく、そこから離れると暗くなる。実際の照明がどこにあるにせよ、普通に生活してきたヒトは光源の位置は上という仮定のもとで、陰影に基づいた3次元的解釈を行う傾向がある。

（➡05）、視覚的な動きによって得られるものは運動手がかり（➡03）と呼ばれる。

危険を避ける能力

　奥行きを知覚することは、危険を避けるために明らかに必要な能力だ。このような能力は、どのように発達していくのだろうか。赤ちゃんが視覚的手がかりから奥行きを正しく見ることができるかどうかを調べる有名な実験がある。

　赤ちゃんは言葉を話せないので、行動によって調べる。まず大きく強固なガラスを用意し、外枠だけの四角形の机の上にはめ込む。ガラスは透明なので、下が透けて見える。ガラスの半分に、裏からチェッカー模様の板を貼りつける。つまり、触ったらガラスだが、チェッカー模様の板として見えるということだ。もう半分には深い位置に、つまり実際の床に、チェッカー模様の板を置く。この位置に置くと、見かけ上いわば断崖になっている。もし赤ちゃんが視覚的に奥行きを感じているなら、その断崖のほうには進もうとはしないと考えられる。

　アメリカの心理学者エレノア・ギブソンとリチャード・ウォークが行った研究では、36人の6〜14か月児が実験に参加した。その結果は、33人

視覚的断崖

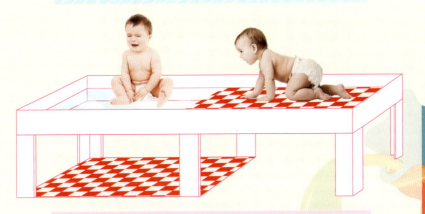

ギブソンらの実験では、参加した月齢6〜14か月の赤ちゃん36人のうち、33人が断崖のほうには進まなかった。奥行き知覚のように、危険を避けるのに役立つ能力は、生まれてから早い段階で発達するようだ。

が断崖のほうには進もうとはせず、または断崖を前にして泣き出す、というものであった。この結果が意味することは、ハイハイができるようになる頃にはすでに、赤ちゃんは奥行きを知覚する能力を持っているということである。これは視覚的断崖の実験としてよく知られている。

この研究では、人間の乳幼児以外の、動物の結果も報告されている。それによれば、ひよこ、子猫、子犬、ネズミ、ヤギなども、視覚的断崖を避ける傾向が見られた。ヤギは生後1日で立ち上がり歩くことができるが、ヤギでも崖を怖がる様子が見られたということである。ちなみに一番崖を怖がらなかったのはカメだったそうだ。

この例が示すのは、このような感覚支配的行動（→ 4 2）は、生まれてから早い段階で発達するということである。この考え方は、著名な発達心理学者ジャン・ピアジェによる発達段階説と一致している。ただ詳しく言えば、視覚的断崖は遠近法手がかりのみを含んでいるのではなく、両眼性・運動手がかりも生じる場面である。子どもがこのような手がかりをどのように情報処理しているかについても研究がなされている。

（光藤宏行）

07

テレビで見る車輪はなぜ逆回転するのか

Keywords
- 仮現運動
- 最近傍対応の原理
- ワゴンホイール錯視
- 運動残効
- 時空間サンプリング

私たちは、映像から明らかな動きの印象を得ることができる。入力から考えると、網膜に映る像が、時間的に変化している。動きの視覚印象（運動知覚、運動視）の本質は、時間的に変化する情報から、何らかの意味のあるものを取り出すということである。動きによらない形の場合、網膜上の異なる位置に映った要素が統合されて全体的な形が知覚される。両眼立体視の場合には、左右の眼に映る像を統合して両眼網膜像差を計算し、奥行きがつくり出される（➡ 05）。運動視の場合は、上記2つとは異なり、統合すべき要素は異なるタイミングで提示される。

動きが切り替わって見える

時間をまたぐ対応づけが運動を見る働きの本質であることを明快に示すのが、仮現運動と呼ばれる現象である。一番簡単な形式では、静止した2つのフレームを時間的に入れ替えることによって実現できる。いわゆる、パラパラマンガだ。

次ページの図の「非曖昧運動」で中央の十字を見つつ、丸がどのように動いているかを想像してみよう。おそらく左右に往復運動をしているように見えるだろう。では、「曖昧運動」の図はどうだろうか。このように要素が等間隔に置かれる図形は、おもしろい見え方をする。しばらく見続けていると、横に動いていたものが縦に動き出し、見えは曖昧となり、切り替わりが生じる。回転しているよ

うにも見えてくる。このような見えは、運動視の仕組みをよく示している。「曖昧運動」の図では縦横の要素の間隔は同じで、そのときには対応関係が曖昧になる。改めて「非曖昧運動」の図を考えると、このときに動きに曖昧さがないというのは、近いもの同士を対応させて見る働きがあるということである。これは最近傍対応と呼ばれる仮現運動の原理である。

　ヒトの視覚は、時間的に変化する要素の中で、要素の位置の近さをもとに、統合している。多くの場合、このような働きは意識に上らず、自動的なものと言える。映画やアニメ、パソコンの画面は、ご存じの方も多いと思うが、静止画を連続的に提示しているものだ。したがって、複雑な仮現運動が生じていると考えることもできる。映画の場合には1秒間に24コマ、パソコンのディスプレイの場合には最低でも60フレームを次々と高速

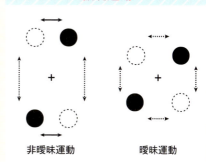

仮現運動

非曖昧運動　　曖昧運動

黒い円と白い円の位置に円を交互に提示する場合、円がジャンプして見える。円の見かけの運動方向は、円同士の距離によって決まる。「非曖昧運動」の図では横方向にしか動いて見えないのに対し、「曖昧運動」の図では縦と横で距離が同じなので、動きの方向は曖昧になる。

ワゴンホイール錯視

動画中のタイヤのホイールやヘリコプターのローターなどが逆回転して見えることがある。これは最近傍対応の原理が働いているためだ。

に書き換えて表示している。

　この最近傍対応の原理が関係しているものに、映画の中で回転している車のタイヤのホイールが、たまに逆回転して見えるというものがある。ホイールはスポークと呼ばれる回転軸から伸びる何本もの棒で外側のタイヤの輪を支えている。現実の場面をビデオカメラで撮影する場合、毎秒24枚（フレーム）や60枚ごとに撮影する。高速に回転するホイールを撮影する場合、回転速度によっては、1本のスポークの移動量が増えて、1つ後ろのスポークと最近傍対応してしまう場合が生じる。これは車のホイールだけではなく、ヘリコプターのローターのような、繰り返しを持つ模様が高速に動くときには生じることがある。

止まっているものが動いて見える

　運動が見えるというのは主観的な現象である。このことを別の点から示すものに、止まっているものが動いて見える、という知覚現象がある。1つ目は、運動残効と呼ばれるもので、特定の運動模様を見続けた後に静止した刺激を見ると、見続けた刺激とは逆方向に動いて見えるというものだ。左の図を見ながら想像してみてほしいのだが、「順応刺激」を見ているときには縦縞模様が向かって左のほうへ動いているように見える。これを30秒ぐらい注視した後、画像の動きを止めると、縦縞模様は右向きに、じわっと動いて見える。これは私たちの視覚システムが持つ下位機構、運動だけを専門に処理

運動残効

順応刺激（約30秒）　テスト刺激

知覚

物理的運動方向　静止画像

一方向に動く刺激を一定時間眺めた後、止まった映像を見ると、動いていた方向とは反対方向に動いて見える。視覚システムで運動を専門的に処理する機構が疲労してしまったからだと考えられている。

する機構が疲労して、正しい出力が出せない状態になっていると考えられている。

　運動が主観的な現象であることを示す他の例は、静止画がそのまま動いて見える図形だ。知覚心理学者の北岡明佳はオリジナルの錯視図形をたくさん作成している。有名なのは「蛇の回転」と名づけられた、静止図形がじわっとぐるぐる回って見えるものだ。

　運動の錯覚には、止まっているものが動いて見えるだけではなくて、動きの向きが変化して見えるものもある。一番有名なのは、バーバーポール錯視である。床屋の前にある青・白・赤・白の斜めの縞模様が回転している装置で生じているものだ。実際には水平方向に回転しているが、連続していつまでも上昇を続けているように感じる。これは動きの方向の錯覚である。なぜこのような錯覚が生じるかについては、ポールと縞模様が接するところにできる端点の移動方向を視覚システムが重視して処理しているからだという説明がある。

　これらの例からわかるように、動きの錯覚は普段の場面でも多く生じている。ただし、それに気づくことはかなり少ない。なぜなら視覚的運動の処理は多くの部分が意識されることなく、いくつかの原理に基づいて、ほぼ自動的に行われているからだ。

（光藤宏行）

バーバーポール錯視

斜めの縞模様は、実際には水平方向に回転しているが、いつまでも上昇を続けているように見える。

08

自分の眼のつくりを見る方法

Keywords
- 網膜
- 錐体
- 桿体
- スキナー錯視

私たちは主観的な世界を見るために何を使っているのだろうか。手短に言えば、眼と脳であり、生理学や解剖学の知識で答えることができる。外界から届いた光は眼の中の網膜が受け取り、その情報が脳の各部位に伝わる。情報の流れの正体は、神経細胞を伝わる電気的な信号である。これはウェブカメラをパソコンにつないでいるようなものである。この場合、カメラが私たちそれぞれの眼、ケーブルが視神経、CPUやメモリが脳に対応する。パソコンの中にも配線があるように、脳の中にも神経細胞という配線がある。電気信号は、イオン濃度が変化することによって、樹状突起から軸索に向けて伝わる。軸索の端は他の神経細胞の樹状突起に連絡があり、他の神経細胞へ電気信号を伝える。脳内の神経細胞による情報処理は、原則としてこの繰り返しである。視覚の生理学的理解は、ハードウェア的理解と言い換えることができる。

眼とカメラを比べてみる

眼のことをもう少し詳しく見てみよう。眼はカメラにたとえると理解しやすい。カメラはレンズ、フィルム、絞りなどの部品からできている。眼とカメラは似ているが、異なるところも多くある。カメラのレンズのピントを調節することで、画像は鮮明になる。レンズは水晶体に対応する。これは透明な組織で、タマネギのように層をなしている。水晶という形容ではあるけれど、身体の中に硬い水晶があるわけではない。この水晶体の周囲に筋肉が円周方向に配置されていて、筋が収縮すると水晶

体の厚みが大きくなる。同時に角膜という眼の表面の膜も曲がり、近くのものにピントを合わせることができる。歳を重ねるとこの水晶体がどんどん固くなって、変形しにくくなる。その結果として、近くのものがぼけて見えにくくなる。眼の内部は、硝子体と呼ばれるゼリー状の組織で満たされている。

眼の網膜はカメラのフィルム、感光部、CCD、CMOSセンサーに対応する。現代のデジタルカメラやスマートフォンのカメラでは、写している映像は液晶画面にリアルタイムで表示できる。ヒトの網膜の場合も同じく眼が開いている限りは情報は絶えず脳に伝えられて、映像を意識に上らせることができる。フィルムの感光物質やデジタルカメラの画素は平面上に均質に並んでいるのに対し、ヒトの場合に光をとらえる視細胞の一種である錐体は、中央付近の一部分だけ密度が高くて、端に行くに従ってまばらになっていく。視細胞はそれぞれの眼の網膜に1億個ぐらいあり、2次元の平面上に配置されている（➡02）。網膜の感度は環境の明かりの強さに依存して感度を変えることができる。暗い部屋に突然入ると最初は何も見えないが、徐々に見えるようになる。いわゆる「暗闇に眼が慣れてくる」状態である。これを心理学や生理学では暗順応と呼ぶ。暗いところから明るいところに行くと最初はまぶしいと感じるが、こちらは比較的すぐ慣れる。これは明順応と呼ぶ。鮮明な像を得るためにはカメラを固定することが大切であるが、網膜の場合には眼を本当に固定すると、何も見えなくなる。眼は自然状態ではじっとしているように見えても、小刻みにブルブル震えている。

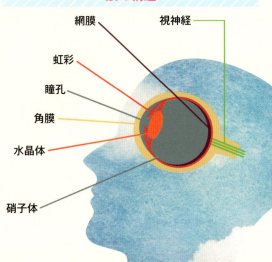

眼の構造

外界から届いた光は網膜が受け取り、その情報が脳に伝わることで、初めて私たちは世界を見ることができる。

カメラの場合は印刷すればひとまず終わりなのに対し、ヒトの視覚の場合には、網膜像の2次元の模様を解釈するという重要な課題が残っている。技術の進歩により、機械による顔認識が行われるようになってきた。これにはコンピュータに画像を読み込み、複雑な計算を行う必要がある。脳は網膜像という画像の解釈を常に自動的に行うようにできている。画像を解釈するためには当然配線が必要で、視覚の場合は網膜から神経細胞の束が1か所から出て、脳に至る。眼を出る前でも何段階もの処理があり、網膜では錐体と桿体（かんたい）、そして水平細胞、次に神経節細胞という連絡がある。視神経の束が眼球から出る場所が、盲点（盲斑 もうはん）である。盲点の上には光を感じる神経細胞はないので、その場所は光を感じることはできない。光が当たらなくても、盲点の周りの情報によって、脳が埋め合わせを行う。その後は外側膝状体（がいそくしつじょうたい）を経て一次視覚野というほぼ頭の後ろの部分の部位に届く。

錐体の分布と網膜の構造を見る

3種類の錐体は2次元平面的な網膜にモザイク的に広がっている。3種類の異なる錐体は互いに隣接しているが、位置によってわずかに分布に偏りが生じるはずである。私たちはこのような微妙に不均一な錐体の分布を、スキナー錯視として知覚することができる。

光に直接反応する視細胞（錐体、桿体）は、網膜の一番底にある。したがって、視細胞

錐体の分布を見る方法

30～40センチメートル程度の距離から眺めると、それぞれの円が微妙に異なって色づいているように感じられる。実際には円はすべて白色で描かれている。これがスキナー錯視である。

の活動を引き起こすのは、網膜の中を通り抜けた光である。上で述べたように網膜にはいろいろな細胞、それに酸素を供給する血管が付随しているので、網膜に投影される光は網膜自身を通過したものになっている。あまり効率的なつくりには思えないし、そうならばなぜ自分の網膜は見えないのだろう。少し工夫すると、網膜や眼の構造を見ることができる。

　1つ目は、人差し指と中指の間に1ミリメートルぐらいの隙間をつくって片眼の前にかざす方法である。白い壁や紙を背景として、小さなバイバイをするように小刻みに動かすと、網の目のような細かな模様が見える。模様は黒色で、稲妻のような血管や、小さなつぶつぶとした細かな模様が見える。隙間をつくると光の進む方向が制限されて、網膜の前にある構造が見える。2つ目は、朝起きた直後に、白い壁を見ながら瞬きをする方法である。いつも見えるとは限らないが、白い壁を背景として瞬きを繰り返すと、白い網の模様が見える。

（光藤宏行）

網膜の構造を見る方法

白い壁や紙を見つめる　　人差し指と中指の間を1ミリメートルほど開け目の前で手を小さく揺らす　　網の目のような細かな模様が見える

白い壁や紙を背景として、小さなバイバイをするように手を小刻みに動かすと、網の目のような細かな模様が見える。

自分の眼のつくりを見る方法

09

退屈な時間は なぜ長く感じられるのか

Keywords
体内時計
時間知覚
時間判断
注意

　家から少し離れた川の土手に桜の並木があり、小学生の春休みのときに、家族や友人と花見をした。このような小さい頃に体験した楽しかった出来事をもう一度体験したい、と思うことがある。しかしそれは不可能であり、いったん生じた出来事を、そのときにさかのぼってもう一度追体験するということは物理的にはできない。「あの出来事がなかったら」と考えを巡らせることはできるけれども、いったん生じた出来事を取り消すということも物理的にはできない。このように考えると、私たちが生きて体験できるのは、連続する長い時間の中でも「現在」または「今」しかない。

過去と現在

あのときの花見が、もう一度追体験したい楽しい出来事だったにせよ、できれば取り消したい、思い出したくもない出来事だったにせよ、物理的に過去にさかのぼることはできない。私たちに体験可能なのは「現在」「今」だけだ。

生物学的な時間

　体験可能な現在は、概念として連続する時間の中に位置づけられる。概念としての時間は空間とともに、この世の現象（事象や出来事）が生じるときに必要なものだ。常識的には、空間は3次元で、空間の中をある程度は自由に移動できるのに対し、時間は1次元で、一方向に勝手に流れていく連続的なものというイメージだ。

　現在を生きている私たちは生物である。生物学的な意味で

も、体験できる現在は連続する時間の中に位置づけられている。ヒトの場合、朝になれば目が覚めて、夜になれば睡眠をとるというリズムは、脳の視交叉上核の体内時計で制御されている。明るくなるから目が覚めるというより、明るさにかかわらず、ほぼ24時間の周期で動いている。このような働きにより、睡眠をとったり食事をしたり、日常生活を円滑に行うことができる。1日単位ではなく1年単位のもっと長い時間スケールで考えてみても、子どもから少しずつ連続的に成長して大人になっていく。

心理的な時間

　時間の流れを概念としてとらえるのとは別に、私たちは以前に体験した事象や出来事をいくつか覚えていて、それらの記憶の間の時間間隔を判断できる。このような体験に基づいて推定された時間間隔のことを「感じられる時間の長さ」と呼ぶ。感じられる時間の長さを判断するのは、記憶の仕組みを含めた私たちの認知システムである。これにより、時計やカレンダーの進みと、感じられた時間の長さを比較することができる。何かの事象や出来事を意識したり体験したとき、振り返ってみると時間の経過が早かったり、反対に遅かったと感じられることがある。感じられる時間の長さは、時計やカレンダーと比較すると少し異なっているような気もする。さらに、子どものときには1日や1年が長く感じられた一方、大人になると1日や1年はあっという間に過ぎていくようにも感じられる。

　感じられる時間の長さは、体験した事象や出来事の数の影響を受ける。概して、ある期間に事象や出来事が多く生じると、振り返ったときにはその期間は長く感じられる。このような時間についての判断は、内的なペースメーカーの進みまたは内的な情報の保持が、体験した事象や出来事の数および内容によって変化するというモデルで記述できる。1日の出来事が多いと、1日が長く感じられたりするのはこれで説明できるし、子どものときに1日が長く感じられるのも、体験した出来事が平均

感じられる時間の長さは、体験した出来事の数の影響を受ける。ある期間に出来事が多く生じると、振り返ったとき、その期間は長く感じられる。

的に多かったと考えることで説明できる。

　同様の考え方は、もっと短い時間の長さに対する判断にも当てはまる。認知神経科学者の金井良太らは、点滅する視覚映像を見るときの時間の長さを判断する課題を行った。その結果、1秒以下の映像提示であっても、単位時間あたりの点滅回数が多いほうが、感じられる時間が長くなった。この効果は、点滅の周期が4〜8ヘルツ（1秒あたりの繰り返し数）で飽和した。

注意と感情の影響

　感じられる時間の長さに影響を及ぼすのは、時間に対してどれぐらい内的に注意が向けられ、時間を意識したかという要因もある。概して、時間に対して注意を向けた回数が多いほうが、時間はより長く経過したと判断される。つまらないと思う時間では、早く終わらないかと時間に対して頻繁に意識を向ける。これもまた、感じられる時間を長くする要因として広く知られている。反対に、時間について意識を向けない場合、例

心理的時間と注意の関係

ああ退屈……

時間に注意を向ける
＝
時間を**長く**感じる

集中、集中！

時間に注意を向けない
＝
時間を**短く**感じる

感じられる時間の長さは、時間にどれだけ注意を向け、意識したかにも影響を受ける。時間に注意を向けた回数が多いと、その期間は長く感じられる。

えば何かの作業に非常に没頭した時間は、後で振り返ると短く感じられる。

　さらには、時間を判断するときの感情などの、時間を判断する人の内的な状態も時間の判断に影響する。例えば、怒り表情の映像を提示すると、感じられる時間は長くなる。老人の顔を提示すると、若者の顔を提示した場合より感じられる時間は短くなる。これらは、覚醒度が上がると内的ペースメーカーの動作が早まったり、意識的に保持する情報の量が増えることで感じられる時間が長くなるという考え方と一致する。

　時間を判断する脳の仕組みはどのようになっているのだろうか。概日リズムを制御する神経機構は、上で述べたように視交叉上核であるようだ。これとは対照的に、感じられる時間の長さ「だけ」を専門的に処理する脳の部位は今のところ見つかっていない。むしろ、視覚、触覚、聴覚などの個別の感覚処理に依存して時間の判断は変化することを示唆する研究が広く報告されている。

（光藤宏行）

退屈な時間は
なぜ長く感じられるのか

生死を分かつ瞬間、世界の見え方が変わる

Keywords
- 聴覚抑制
- 視野狭窄
- スローモーション的知覚

生死を分かつ瞬間、それは世界の見え方が変わる瞬間でもある。これは、アメリカの警察官への調査、また視覚的注意や時間知覚の実験などから明らかになったことだ。

知覚・認知に生じる異変

アメリカの警察心理学者アレクシス・アートウォールは、銃撃戦を経験したアメリカの警察官157人に対し、銃撃戦時において彼らの知覚・認知に変化が生じるか調査した。アメリカでは重武装した銃乱射犯や麻薬密売組織を制圧する際に銃撃戦となることが多い。その際、警察官は死をも覚悟する強烈な情動的ストレスにさらされる。アートウォールはこの情動的ストレスによって、警察官の知覚・認知にいったいどのような変化が生じるのかを調べた。

その結果、回答した警察官のうち、聴覚抑制を経験した者が84％、著しい視野狭窄の経験をした者が79％、遠方の細部まではっきり見える鮮明な視覚経験を報告した者が71％、時間の遅延を経験した者が62％おり、さらに出来事の記憶が一部欠落した者が52％いた。

銃撃戦を経験した警察官の知覚・認知の変化

アメリカの警察官を対象にした調査によると、銃撃戦で死をも覚悟する情動的ストレスを経験した警察官の多くが聴覚や視覚、時間知覚の異変を報告した。

❶ 知覚のミステリー

　聴覚抑制とは、銃撃戦であれば発砲音が鳴り響いているにもかかわらず、何も聞こえなくなる現象をいう。視野狭窄とは、視界が著しく狭くなり、周辺にある事物の知覚が難しくなる現象である。あたかもトイレットペーパーの芯からのぞいているように見えたとの報告もある。鮮明な視覚経験とは、あまりに細かすぎて普段では決して見えないはずの細部が鮮明に知覚される現象で、例えば、拳銃の引き金に掛かった犯人の指や、弾倉に格納された弾丸（リボルバー式であれば）まで、はっきりと見えたことが報告されている。時間の遅延の経験とは、時間がゆっくりと進むように感じ、動きをスローモーションで感じる現象である。例えば、犯人が人質の頭に刃物を振り下ろそうとした瞬間、犯人の動きが突然遅くなったという報告や、弾丸の弾道が見えたとの報告がある。最後の出来事の記憶の欠落とは、銃撃戦時にどうしても思い出せない記憶の空白が生じることである。当時の自分の言動について、他人から指摘されても覚えていないし、なぜそんなことを行ったのか、もはや説明できないという。

　銃撃戦時における警察官の知覚・認知機能の研究は他にも行われており、同様の現象が生じることが繰り返し報告されている。これらのような事例を集めた観察研究は、倫理的・技術的な理由などから、実験室では決して再現できない状況における貴重なデータが得られる。その一方で、要因の統制が行われていないため、さまざまな要因が絡み合っていることから、結果が歪められている可能性を必ずしも否定できない。

　そこで、要因を厳密に統制した実験室研究が行われるのだが、実験室研究においてもアートウォールの調査結果を支持する研究がある。ここでは2つの実験を紹介しよう。

実験室研究による検証

　まず1つ目は、筆者らが行った視野狭窄に関する研究であり、恐怖や

視野狭窄に関する実験

提示数字の検出成績(人)

5人が検出
情動ビデオ観察群

10人が検出
中性ビデオ観察群

大上らの実験によると、情動を喚起されるビデオを観察した場合、そうでない場合よりも、ディスプレイ画面に提示される数字の検出成績が低かった。

驚きなどの不快な情動が喚起されるときに、視野狭窄が生じるか否かを明らかにすることが目的であった。実験手続きとしては、まずディスプレイ前に実験参加者に座ってもらい、ビデオを提示する。このビデオには、実験参加者の情動を操作するための刺激であり、恐怖・驚きの情動に誘導する情動ビデオと、情動には影響を及ぼさない中性ビデオの2種類があった。実験参加者はこのビデオを観察するのだが、恐怖や驚きの情動が喚起される場面において、ディスプレイ画面の四隅のうちいずれかに数字が一瞬(0.5秒)出現する。ビデオ観察直後に、実験参加者に数字の出現に気づいたか尋ね、その数字の検出成績について、情動ビデオ観察群と中性ビデオ観察群とで比較した。もし、恐怖や驚きにより、視野狭窄が生じるのであれば、情動ビデオ群のほうが、中性ビデオ群よりも、画面隅に出現する数字に気づかず、見逃してしまうことが予測される。実験結果は、予測した通り、中性ビデオ観察群と比較すると、情動ビデオ観察群の数字検出成績は低く、ネガティブな情動により視野の範囲が縮小したものと考えられた。

　もう1つの研究は、千葉大学の小林美沙と一川誠によって行われた時間遅延に関する研究であり、危険を感じた瞬間に物事がスローモーションに見えるか否かを明らかにすることが目的であった。実験では24枚の画像(危険を感じさせる画像と安全・安心を感じさせる画像が各12枚)が用いられ、それが実験参加者16人に0.4秒から1.6秒までの範囲(0.4、0.6、0.8、1.0、1.2、1.4および1.6秒)で提示される。その0.3秒後に、画面に灰色をした長方形が1秒間だけ提示される。その後、実験参加者には、先に提示された画像と灰

色の長方形を比べて、どちらのほうが長く提示されていたように感じたか、キーを押して報告させた。その結果、危険を感じさせる画像のほうが、安全・安心を感じさせる画像よりも、実際に提示された時間より長く感じていることが示された。この研究から、危険な状況に直面すると、スローモーション的知覚が生じることが示唆される。

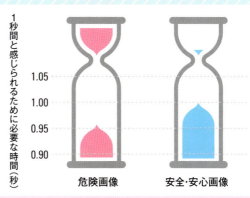

時間遅延に関する実験

小林らの実験では、危険を感じさせる画像が、それを見ている間の時間知覚にどのような影響を及ぼすかを検証した。恒常法と呼ばれる手法を用い、基準となる長方形の提示時間1秒間と、比較提示される危険を感じさせる画像と安全・安心を感じさせる画像の提示時間のどちらが長いか判断させた。その結果、危険を感じさせる画像では、実際には1秒より短い提示時間でも1秒間の長さに感じており、時間が引き延ばされて知覚されていた。

法執行現場での混乱と対策

　警察官の職務執行中に生じる知覚・認知の歪みは、法執行の現場において、さまざまな混乱を招いていることが知られつつある。例えば、銃撃戦時における視野狭窄については、極端に視野が狭まることから、全体的な状況の把握が難しくなり、犯人に対し発砲に至るまでの経緯、発砲前後の状況などを正確に説明することができず、犯人への発砲の適法性を問われて訴追されるケースなどが生じているという。

　その一方で、こうした銃撃戦時における知覚・認知の歪みに対する技術的対策も提案されている。例えば、捜査員の職務執行中の行動を録画するウェアラブルカメラの導入である。ここ最近、アメリカの一部の警察やイギリスのロンドン警視庁において、アメリカのTASER社製のウェアラブル型カメラ「AXON」システムが導入されている。これを装着することで職務執行中の警察官の行動が録画され、事後におけるその適法性の検証や、今後の作戦展開を検証するための貴重な資料として活用されることが期待されている。

（大上　渉）

子どもは感覚情報を どう結びつけているか

Keywords
情報処理
特徴統合理論
注意

　学校の入試が終わってしばらく経つと、アイツはどの高校に行ったとか、あの子がどの大学に入ったとかいう話題が会話に上る。このようなことが気になるのは、心理学的にはどうしてだろうか。進路というのはヒトの社会的人生の一大事であるからだろうか？　自分より「良い」大学や高校に入ったという嫉妬心などによるものだろうか？　認知心理学的には、いずれも当てはまらない。

特徴統合理論

　認知心理学の重要な考え方は、ヒトを「情報処理する装置」としてとらえて考察してみるということである。情報処理的な視点で言えば、誰がどこの大学に入るかということは、すでにその人が知っているある人と、すでに知っている特定の大学を結びつけて新しい知識をつくったということである。誰がどこに進学したかというのは、認識した人の頭の中で新しい知識がまさに今ここでつくられたということだ。次ページなどの印象に残る写真のいくつかは、個別の要素をいかに結びつけたかという点が重要となる。

　バラバラな要素的情報を結びつけて新しい情報をつくることは、私たちの認知の仕組みの中でも極

個別の要素を結びつける

飛行機雑誌によれば、良い写真を撮るための基本は、飛行機「以外」の対象をいかに綺麗に撮影し、1枚の写真にできるかにかかっている。認知心理学の視点から考えると、飛行機という主要な対象を、背景の景色などの別の対象に結びつけることで、写真の完成度が上がるということだろう。

めて重要な働きである。例えば、私たちの感覚システムの最初の段階では、受け取った情報は、視覚、聴覚、触覚などの感覚モダリティ（感覚様相）ごとに分けて同時並行的に分析がなされる。さらにはモダリティ内、例えば視覚の場合には色、形、動きなどの刺激属性ごとに、同時並行的に処理がなされる。最初の処理を分けて行ったとすると、最終的な意識に上る段階としては、それらの情報をもう一度まとめて、つまりは統合する必要が生じる。

　認知心理学者のアン・トリーズマンらが提案した特徴統合理論によれば、この特徴の統合を担うのは、注意という心的な機能である。彼女らの研究では、それぞれの刺激属性を結びつけて報告する課題は、単独の属

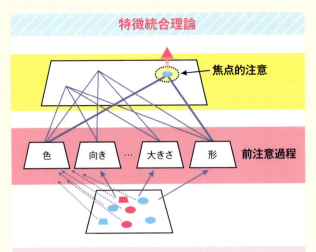

トリーズマンらが提案した特徴統合理論では、受け取った情報はまず感覚モダリティごとに分けて分析がなされ、さらにモダリティ内の刺激属性ごとに分析がなされる。そして、注意という心的な機能によって特徴の統合が行われる。

性に基づいて判断する課題に比べて時間がかかったり、誤報告が増えたりすることを示した。このような結果から、私たちの感覚処理システムが一度に注意できる範囲は空間的に限られており、またその処理容量はあまり多くないという理論を提案した。この理論は細かな点については後に修正がなされたが、認知心理学的な情報処理の理論を大きく発展させたという点でとても重要な研究である。

子どもの情報統合

　トリーズマンは1980年にこの理論を発表する前に、理論の裏づけとなる心理学実験について、自身の子どもが小さいときに、色をつけた文字を紙に書いてテストしてみたと述べている。近年になって、子どもの情報統合の仕方を詳細に調べる心理学研究も増えてきた。

脳が情報統合をどのように行っているのかを調べるために、わざと矛盾した情報を与えて、どのように判断がなされるかを調べる方法がある。この課題では例えば、視覚情報とは必ずしも一致しない触覚情報が与えられる。大人の場合にこの課題を行うと、信頼できる情報を重視し、単独の情報のみが与えられた場合より判断の一貫性は向上する。すなわち、与えられた情報を、最適に近い方法で統合した判断結果が得られることが知られている。

　子どもの情報処理における統合がどのようになされているかを調べるために、イタリア工科大学のモニカ・ゴリらは、上で述べたような視覚情報と触覚情報に基づく形態の判断課題を行った。5歳から10歳までのそれぞれの年齢ごとに結果をまとめたところ、低い年齢の子どもほど、感覚情報を増やすと、判断の成績が低下し、得た情報を最適ではないやり方で処理していることを示唆する結果が得られた。すなわち、信頼できない情報に重きを置いて判断しており、別の言い方をすると、子どもは感覚情報を最適なやり方では統合していないことを示唆する。

　さらに、ユニヴァーシティ・カレッジ・ロンドンのマルコ・ナディーニらは、視覚的手がかりの間の統合を子どもはどのように行っているかを類似の研究手法によって調べた。着目したのは対象の傾きで、両眼性手がかりによって定義される場合と、遠近法手がかりによって定義される場合があった。判断の正確さと反応時間を測定したところ、12歳ぐらいの子どもは大人と似たような傾向であったが、6歳ほどの子どもは手がかりを必ずしも統合していないことを示唆する結果を得た。よって子どもの感覚処理の仕組みは大人とは異なっていて、成長に伴う、手がかりの変化に柔軟に対応する仕組みを有しているのかもしれない。（光藤宏行）

子どもは感覚情報をどう結びつけているか

まとまる形、崩れる形

Keywords
群化の法則
順応
ゲシュタルト崩壊
意味飽和

　小さいとき、壁などにある幾何学的な模様のタイルを見て、まとめる遊びをしていた。壁によっては、要素は四角だったり丸だったりひし形だったりする。見る側のまとめ方によって、同じ模様がいろいろな組み合わせを持てることを知ったときは、なぜかとてもおもしろく感じた。このような要素をまとめる働きは、私たちが形を認識するときのとても基本的な働きである。

知覚的体制化

　20世紀前半に活躍したゲシュタルト心理学者は、要素をまとめて知覚する働きを知覚的体制化と名づけて数多くの研究を行った。主には、点や線分を要素として視覚図形を描き、どのようにまとまって見えるかが検討された。そして、要素のまとまり方についての一定の傾向性をゲシュタルト原理、または群化の法則と呼んだ。

　群化の法則では、近接、類同、共通運命、対称、並行、良い連続、閉合の要因などが知られている。例えば、近接の要因では近いもの同士がまとまるということだ。類同は似たもの同士、共通運命は同じように動くもの同士がまとまる。対称は左右対称なもの、並行は曲がった道のように同じ幅で描かれたもの、良い連続は一直線をなすもの、閉合は閉じた図形を構成するものがまとまる。他には過去経験の要因なども、ゲシュタルト心理学者によって指摘されている。

　ゲシュタルト心理学者の洞察の中で重要なものに「全体は部

分の和とは異なる」というものがある。ゲシュタルト心理学者が好んで使ったのは透明視という知覚現象だ。下の図に示すように、異なる明るさの正方形のパッチを4つ並べるだけで、もとの図形からは感じられない、重なりを持つ、透明感のある面が知覚される。要素としてはすべて不透明であるのに、組み合わせ方によって全体としては新たなものが付け加わることがはっきりわかる。

形の消失

まとまったものは、その後どうなるのだろうか。通常しないような長い期間（10〜20秒）、同じ図形を注視して観察すると、もともと見えていた形やまとまりを感じにくくなる。それを劇的に示すのが知覚的消失現象である。同じ模様を長く眺めると、図形が消えるというものだ。視線をそらさずにそのまま10秒ほど注視を続けると、周辺の模様が消えて、一様な模様が見えてくる。これは順応による知覚的な消失である。模様の情報として、網膜像にはほぼ同じものが与えられているにもかかわらず、意識に上る内容が大きく変わってしまう。

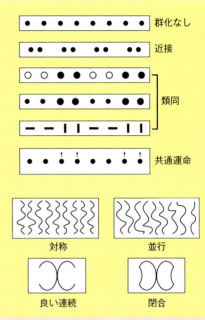

点や線分などの要素は、このようなさまざまな要因によってまとまって見えるようになる。

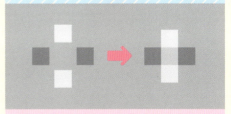

明るい正方形2個と暗い正方形2個（左）をうまく並べるだけで、重なりの印象を持つ、透明感のある図形を作ることができる（右）。

順応による消失の説明としては、次のものが考えられている。まず視覚システムは刺激の変化に対して強く反応する。映像を見始めたときは、見始める前に比べて入力が大きく変化すると仮定できるので、映像の見始めを見落とすということはありえない。静止したパターンをしばらく眺めると、入力情報の変化は少なくなる。より重要な仮定としては、そのような一定の入力に対して、視覚システムを構成する下位の検出システムの出力が下がっていく。すると、より上位にあると考えられる、意識をつくり出すシステムまで情報が十分に伝わらず、網膜に与えられたパターンとは違うものが意識に上る。

意味の崩壊

　順応によく似ている現象に、ゲシュタルト崩壊という知覚現象がある。文字などの模様を数十秒注視すると、その文字の読み方や意味がわからなくなるというものだ。漢字ドリルなどの書き取りで、同じ文字を何十回も書くと、書いていた字の意味や読みがわからなくなってしまうという現象にも似ている。これは意味飽和という名前でも知られている。

　ゲシュタルトとはドイツ語で形態という意味である。ゲシュタルト崩壊とは「形の崩壊」となり、まさに名前が示す現象そのものだ。漢字は通常、「へん」や「つくり」などの部分からできている。これらの部分がまとまって知覚される場合、記憶による特定の意味や読みの結びつきから、文字を見るとその意味や読みが自動的に意識に上る。しかし、上で述べたような順応がパターンに対して生じると、まとまりが「解除」されてしまい、文字の意味や読みとの結びつきが薄れてしまう。これがゲシュタルト崩壊や意味飽和と呼ばれる知覚現象が生じる仕組みである。　（光藤宏行）

ゲシュタルト崩壊

（「形」の漢字が格子状に並んだ図）

数十秒ほど注視してみよう。この漢字の意味や読みがわからなくなるかもしれない。特定の形と、それに対応していた読み方や意味との結びつきが薄れてしまうためだ。

まとまる形、崩れる形

そのドレスは青か白か

Keywords
明るさの対比
色の恒常性
照明の推定

眼で何かの対象を見てその色や形を判断するときは、太陽などの光源から対象に光が当たり、そこで反射した光が眼に入り、網膜で神経活動に変換されて脳で処理がなされる。私たちの脳の一部である視覚システムが利用できる情報は神経活動の頻度であり、対象自体の色や形をそのまま知ることはできない。

文脈による知覚の変化

これをよく示す知覚現象は対比である。下の図には、白から黒へのグラデーションの背景の上に灰色の円盤が乗っている。灰色の明るさは物理的には同一であるにもかかわらず、白い背景に置かれた円盤は黒っぽく見え、黒い背景に置かれた円盤は白っぽく見える。これは明るさの

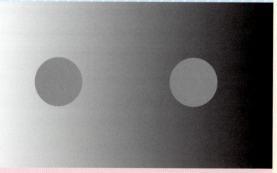

明るさの対比

2つの円盤は実際には同じ灰色でも、白い背景に置かれた円盤（左）は黒っぽく、黒い背景に置かれた円盤（右）は白っぽく見える。

対比と呼ばれる。同様の現象は、視覚については色、大きさ、動き、傾き、奥行きなどの幅広い属性で生じることがわかっているし、類似した知覚現象は聴覚や触覚でも生じる。対比現象は、一般化した形で言えば、知覚処理プロセスにおいて、ある部分の特徴の知覚がその周囲や時間的に前後の情報の影響を受ける、すなわち文脈的効果ということの表れである。

　このような、文脈による知覚の変化は何のためにあるのだろうか。1つの考え方は、現実の3次元的環境から得られる感覚情報から、安定した形や色などの対象の属性を推定するためであるというものだ。右の図は回廊錯視と呼ばれる、大きさの対比の例である。チェッカー模様のボールは、透視図法で描かれた背景に置くと、位置によって見かけの大きさが変化する。このような錯覚が生じるのは、現実の3次元環境の中では2次元の網膜像自体の特性を正しく知覚するというより、網膜像から安定した3次元的対象を知覚するための仕組みが働くことが優先されるからだろう。このような傾向のことを恒常性と呼ぶ。恒常性の種類には、大きさ、色、形などがある。

回廊錯視

Schwartz (2010)

2つのチェッカー模様のボールは網膜上では同じ大きさでも、近くにあるボール（左下）は小さく、遠くにあるボール（右上）は大きく感じられる。

視覚システムの暗黙の仮定

　2015年2月、インターネットのソーシャル・ネットワーキング・サービスであるタンブラーに、あるドレスの画像が投稿された。世界中の多くの人がその画像を見て、大きな議論となった。ある人は、青に黒のストライプ、別の人は白に金のストライプが入ったものに見えると報告した。実際の品物はローマン・オリジナルズという会社が作っているもので、本物は青に黒のストライプである。これは非常に奇妙な体験であるので、多くの人の関心を呼んだ。2018年3月現在、このドレスについての学術論文はいくつも発表されている。

あのドレス（the dress）

http://swiked.tumblr.com

同じドレスが、ある人には青に黒のストライプ、別の人には白に金のストライプに見える。この奇妙な現象は非常に大きな関心を呼び、学術論文も多数発表された。

　このドレスがなぜ話題になったのかを考えることで、私たちが普段特別に意識していない、視覚的判断の前提が明らかになる。まず、同じ色の呼び名は、普段はおおむね、人々の間で一致しているということだ。少しぐらいの違いはあっても、青と白、または黒と金という大きく異なる色を見間違ったりすることはない、という前提がある。

　人によって色が違って見えた原因は何なのだろうか。すぐに思いつくのは、画像を閲覧した機器のディスプレイの違い、ドレスを見た人の性別や年齢である。アイスランドの心理学者アンドレイ・チェトヴェーリコフらは、2016年に発表した論文で、ドレスの画像の色がどう見えるかに関係しそうな要因をオンライン

❶ 知覚のミステリー

調査によって1,500人以上の参加者を対象に調べた。その結果、色の見えはディスプレイの違いによるものではないことがわかった。さらには色の見えは観察者の性別とはあまり関係なく、年齢が上がると白と金のストライプに見えやすくなる傾向が少し認められた。

　知覚されるドレスの色と強い関連が見られたのは、「ドレスの前に光源があるか？」という質問だった。ドレスの正面から光が当たっていると解釈する人は、ドレスは青と黒に見える傾向にあることがわかった。さらにこの研究では、ドレスが白と金に見えやすい時間帯、青と黒に見えやすい時間帯があることも報告されている。このような時間帯と関連するのは、体内時計を制御する生理学的な仕組みとしての概日リズムである。このリズムは、1日の太陽光による明暗におよそ対応する。1日の変化というのは、明るい状態と暗い夜の状態が交互に訪れるということである。

　ドレスの色が違って見える理由の中で本質的なのは、それが色・明るさの恒常性をもたらす仕組みの働き方が個人によって異なっているということだ。照明が手前にあると観察者が仮定していれば、照明が当たっている服の部分は相対的に「暗く」見えるはずだ。もしドレスの正面に照明がなければ、ドレスに光は当たっておらず、ドレス自体の色は相対的に「明るめ」に、つまり白っぽくなるはずである。このように、色を見積もるときに、対象を照らす照明条件をどのように認識したかの違いがあると考えられている。重要なのは、照明がどこにあるかという仮定は、視覚システムが、私たちの思考とは独立に、暗黙に行っているということだ。そのような点で、このドレスは私たちの脳の仕組みがそのまま知覚の意識に上ることを示す見事な例である。

（光藤宏行）

そのドレスは青か白か

14

赤で勝つ?

Keywords
色彩
感情
行動

色彩は印象に過ぎないと言えばその通りであるが、印象によってスポーツなどの勝敗が異なるということはありうるのだろうか。色というのは、外界には存在しない知覚的な属性である。日常では服のコーディネートに気を遣う場合が多い。色は私たちの感情や行動に影響を与えるのだろうか。

色の属性

色の属性を表現するために用いられるものに、マンセル表色系がある。この表色系を考案したアルバート・マンセルは20世紀初頭のアメリカの画家である。マンセル表色系では、単色を色相、明度、彩度の3つの属性に分けて表現する。色相とは色味のことであり、赤、緑、青、黄などの虹に含まれる色の違いにほぼ対応し、円周上の位置に対応づけて表現できる。異なる色相の色を並べて円周上にしたものを色相円という。厳密に言え

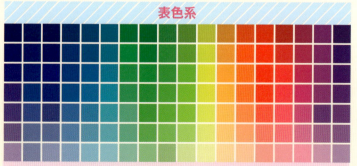

表色系

表色系とは、色の表し方のシステムのこと。こうしたシステムを用いることによって、色に関する正確なコミュニケーションが可能になる。

ば、色相円にある赤紫は、虹には含まれない色である。明度は黒から白に対応する尺度である。彩度は色の鮮やかさのことで、彩度がゼロなのは白、灰色、黒であり、彩度が高い色は蛍光イエローや蛍光ピンクなど、鮮やかな色が対応する。表色系によって色を表すメリットは、衣服、家具、車などを製作する過程で同一の色を間違いなく伝えることに役立つということであり、日本工業規格にも取り入れられている。

色が感情に与える影響

色が感情にどのような影響を及ぼすかを調べた研究がある。単色の色パッチを見せて、それがどのような印象を与えるか質問紙調査を行ったものだ。ここで用いられた調査法は、SD法（セマンティック・ディファレンシャル法）と呼ばれる、対となる形容詞を用いて当てはまる度合いを評定する方法である。ここで扱う感情は、「快適度」「覚醒度」「優勢度」という3つの要素を仮定したPADモデルに基づく。それぞれの感情的要素について、ある色パッチの色相、明度、彩度を変化させて、それが質問項目の評価値にどのような効果を与えるかを調べた。その結果、色相の影響はあまり明瞭ではなく、明度と彩度については割と明快な関係が得られている。

色と感情

特定の色を見せて、それがどのような印象を与えるかを調べた研究によると、色相の影響ははっきりしないようだ。それに対し、明度と彩度については明快な関係性が認められるという。

色が行動に与える影響

　印象や感情ではなく、もっと外的にわかる行動や成績に色が影響することはあるのだろうか。この問題を、動物の場合と比較することを出発点として考えてみよう。

　動物の場合、赤色というのは相手を威嚇する効果があることが知られている。例えば、ベタ（闘魚）という魚のオス同士の争いでは、より赤いほうが強い個体として勝敗がつくことが知られている。鳥でも似たようなことが知られており、鳥の足首に人為的に色の輪をつけると、黄緑の輪をつけた場合より赤の輪をつけた個体のほうが生存率が高く、繁殖に成功する割合も高くなることを示した研究がある。

　動物の世界における赤色の優勢的な効果は、人間の場合にも当てはま

赤が勝つ！

動物の世界では、赤色を身にまとった個体のほうがより強く生存率や繁殖成功率も高くなることが知られている。

知覚のミステリー

他の色は？

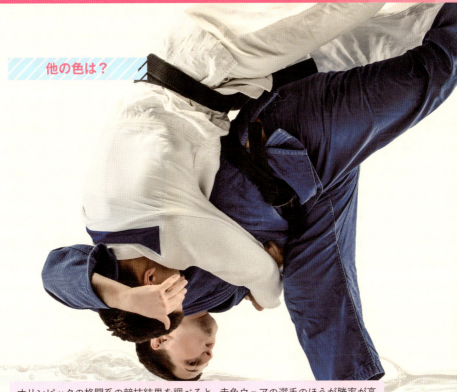

オリンピックの格闘系の競技結果を調べると、赤色ウェアの選手のほうが勝率が高いという研究もあるが、柔道では柔道着の色による効果はないという研究もある。

るのだろうか。ダラム大学のラッセル・ヒルらは、2004年のアテネオリンピックで格闘系の競技の勝敗を調査し、ウェアの色が赤と青の場合で選手の勝率が変わるかどうかを調べた。ウェアの色による勝率の違いはわずかではあったが、完全に色の影響がない場合の理論値である50％から比べて5％ほど平均で赤色ウェアの選手のほうが勝率が高かった。しかし、ニューカッスル大学のキャンディー・ロウらが行った他の研究では、同じアテネオリンピックの柔道の結果を調べた場合、青は白より勝率が高いことがわかった。これは、白だと背景から目立つので、文字通り視覚的に相手にとらえられやすかったと考察されている。2018年に発表された別の研究では、4万5千以上の試合結果を分析し、柔道着の色による効果はないということを報告している。

（光藤宏行）

違和感の正体

Keywords
- 追加
- 削除
- 憐れみ
- 共感

　全国の図書館で随時開催されている「かわいそうな本」の展示は、落書きされたり、破られたりした図書館の本を見てもらうことによって、利用者のマナー改善を目的としたものである。これは、心ない行為によって傷つけられた本に対して私たちが「かわいそう」と共感することが、そのような行為の抑止となることを狙ったものだと言えるだろう。ページが破り取られた本だけでなく、事故などで身体の一部を失った動物などにはなおさら、私たちは「かわいそう」「残酷だ」といった感情を持つ。画像の認知に関する研究では、このような共感的な心の働きが、生物画像に起こった変化の検出を促進することが示唆されている。

何かが加わると気づきやすい

　私たちは画像に対して優れた記憶を持つことが知られているが、画像の細かな情報については正確に保持されてはいないという見解もある（）。したがって、一度提示された画像の詳細部分が変化したとき、記憶した画像と目の前の画像のどこが違っているかの判断は、なかなか難しい課題だろう。

　画像に加える変化にはさまざまなものがあるが、追加と削除という変化に焦点を当てた一連の研究は、私たちが、一度見たものに何かが加わる追加という変化に敏感なことを明らかにしている。いつもの商店街に新しい店ができたことにはすぐ気がつくのに、ある店がなくなったことにはなかなか気づかないといった経験がないだろうか。さらに、ありきたりな店よりも、何

❶ 知覚のミステリー

追加優位

変化検出の実験で用いられる画像のイメージ。上の歯科医院の画像では、追加条件では郵便ポストが加えられ、削除条件では診察台が取り除かれている。画像の内容を意味的に変化させるような追加と削除を比較すると、追加のほうが変化が検出されやすかった。下のチョウ画像では、腹が追加・削除されている。

か商店街にそぐわないような店ができた場合に、とくにその追加変化には気づきやすいだろう。対象物やシーンの線画を用いた研究では、画像の内容を意味的に変えてしまうような追加（例えば、歯科医院に郵便ポストが追加）の場合に、削除（例えば、歯科医院の診察台が削除）よりもその変化が検出されやすかった。また、チョウの画像について、特徴（例えば、頭や羽、腹など）を追加あるいは削除した場合にも、追加優位の結果が得られている。

「何かヘン」であるほど気づきやすい

友達が髪を切ったときや真冬に桜が咲いているのを目にしたときなど、日常生活で経験する違和感にはさまざまなものがある。「何かヘンだな」というこの違和感は、対象や状況、行動などがどこか奇妙であったり、それらが私たちの記憶や期待とわずかに違っていたりするときに喚起される感覚と言えるだろう。友達が髪を切ったことに気づかない段階でも、すぐさま「あれ？」と思うように、違和感は認知過程の初期で生じ

ると考えられる。その後、私たちは対象を詳しく観察したり記憶を活性化したりすることによって、違和感の原因を探ろうとする。

　このような違和感の働きが、画像における変化検出過程を促進するのではないかという指摘がある。画像に対して抱く違和感を測定するために、対象物や生物の追加・削除画像に対する印象評価実験が行われ、その結果、快・不快因子と奇異性因子からなる違和感尺度が構成された。シーン線画の追加・削除画像に対する違和感評定値と変化が正しく検出された割合を分析したところ、変化刺激の奇異性評定値が高くなるほど検出率は高くなった。つまり「何かヘン」であるほど気づかれやすくなるということである。この背景には、「何かヘン」なものの出現は、危険や脅威などと結びつきやすいということがあるだろう。そのような変化に対しては、いち早く検知し危険を回避することが生存につながる。したがって、私たちは知覚している対象が記憶とは異なるときや、何か文脈に一致しないものが出現した場合に、その変化に非常に敏感であると考えられる。

ネコ画像は削除が気づきやすい

　追加が削除よりも気づかれやすいという追加の優位性は、広汎な材料に見られる頑健な効果である。例えば、シーンや対象物などの画像刺激だけでなく、文章などを用いた場合にも認められている。ところが興味深いことに、ネコの画像に関しては削除優位という逆の現象が認められる。これはいくつかの追試や実験参加者が子どもであった場合にも確認された。また、変化の検出率だけでなく、検出するまでの反応時間も追加に比べて削除のほうが速かった。

　なぜ特定の生物の画像では削除優位となるのだろうか。変化画像は、目や耳、足、尾などが追加もしくは削除されたものであった。目が3つあるネコ画像からは非常に奇妙な印象を受ける一方で、片足を失ったネコ画像に対しては「かわいそう」といった感情を喚起される。このことから、先述の違和感尺度にさらに、「かわいそう」や「痛々しい」といった形

容詞で表現される憐憫因子が加えられ、変化の検出との関連が検討された。新たな違和感尺度の評定値とネコ画像における変化の検出率の分析から、憐憫因子の評定値が高い削除画像ほど変化が気づかれやすいことが明らかになった。一方、快・不快因子や奇異性因子の評定値と検出率との関連は認められなかった。

　私たちがネコの削除画像に対して「かわいそう」といった憐憫の感情を喚起されるのは、身体の一部を失った生物に対してその傷の痛みを想像したり、生存可能性を危惧したりするためであろう。

ネコは削除優位

各因子の評定値

追加: 快・不快 3.53 / 奇異性 3.65 / 憐憫 2.62
削除: 快・不快 3.64 / 奇異性 3.27 / 憐憫 3.62

ネコ画像を用いた研究では、目や耳、足、尾が追加・削除された。削除は追加よりも検出されやすく、また検出の反応時間も速かった。違和感尺度は快・不快、奇異性、憐憫の3因子があり、5段階評定だった。憐憫因子の評定値が高い削除画像ほど変化が検出されやすかった。

fMRI（機能的磁気共鳴画像法）を用いた研究では、実際に痛みを経験していなくても、他者が感じている痛みを自分自身にイメージするだけで、痛みに関係した脳神経ネットワークが活性化することが示されている。私たちは身体的に損傷のあるネコ画像を見て、内的な痛みを体験しているのかもしれない。そのような共感的な違和感の働きが、ネコ画像における削除優位の背景にあると考えられる。つまり、ネコの削除画像と同様に、私たちもまた事故や病気のために身体の一部を失い、生存の危機にさらされる可能性がある。そのような変化に対してはとりわけ警戒し、身体的ダメージを回避することが望ましい。したがって、奇異性の評価よりも憐憫の評価がネコ画像の削除優位と関連したと考えられる。

　一連の研究から、追加・削除のいずれが優位であっても、変化画像における情報価の高い部分に注意を引きつけ、その後の認知的処理を促進させるという違和感の役割が明確になったと言えるだろう。　　（内野八潮）

ヘビとクモには要注意！

Keywords
恐怖
嫌悪
注意
扁桃体

　押井監督による映画『ゴースト・イン・ザ・シェル』（1995年公開）のクライマックスでは、主人公の草薙素子が「怪物」と対決する。この怪物とはクモ型の多脚式歩行戦車「アラクニダ」である。押井によれば、このシーケンスは神話をモチーフとしており、怪物退治という困難を克服し、相思相愛の男女が結ばれることを描いているという。怪物としてクモが選ばれた理由は、クモは世界的に見て神意を啓示する生き物であり、日本でも日本書紀をはじめ、源頼光の土蜘蛛退治など、民話や伝承でなじみ深いからだと述べている。

　クモは、とくに西洋においては嫌われる生物でもある。ドイツの研究では、実験参加者に対し、4種類の節足動物（クモ、ミツバチ・スズメバチ、カブトムシ、チョウ・ガ）の画像を提示し、それぞれについて、恐怖、嫌悪、危険性を評定させた。その結果、クモは他の節足動物よりも恐怖と嫌悪が有意に高く、危険性については最も高く評定された。また、イギリスにおける調査でも、クモは、ヘビとともに、不安や恐怖を喚起させる嫌いな生物として、ベスト5にランクインしている。

優先的な情報処理

　クモやヘビのように、嫌悪感や恐怖感を喚起させる生物は、他の動物や植物とは異なり、優先的な情報処理、つまり注意を引きつけやすいことが、視覚探索課題を用いた研究によって明らかにされている。よく知られた研究としては、カロリンスカ医科大学のアルネ・エーマンらによるものがある。エーマンらは、多

I 知覚のミステリー

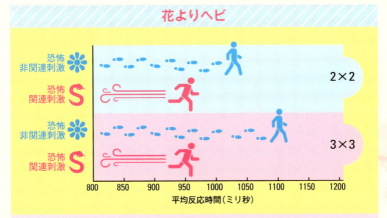

エーマンらの実験によると、恐怖関連刺激（ヘビまたはクモ）をターゲットにした場合のほうが、恐怖非関連刺激（花またはキノコ）をターゲットにした場合と比べ、ターゲットを速く検出できた。恐怖関連刺激については、刺激画像を4枚（2×2）から9枚（3×3）に増やしても、検出時間に有意な変化は見られなかった。

くの刺激画像の中からターゲットを探し出す視覚探索課題を用いて、恐怖や嫌悪的刺激であるクモやヘビが、中性的な花やキノコよりも速く検出されやすいことを明らかにした。彼らの実験では、多くの花（またはキノコ）の画像の中からクモ（またはヘビ）を見つけ出すことのほうが、それとは逆の、多くのクモ（ヘビ）の中から花（キノコ）を見つけ出すことよりも、容易であることが反応時間から示された。

ヘビとクモに対する優先的な視覚情報処理については、名古屋大学の川合伸幸と名古屋学院大学の柴崎全弘が著書や論文においてヘビとクモの脅威性に関する一連の論文を丁寧にレビューして論点を抽出し、またそれに応える実験を行っている。彼らによると、エーマンらの研究は、ヘビとクモが検出されやすいことを示してはいるものの、それはヘビとクモが生き物だからではないのか、またヘビとクモではどちらのほうが速く検出されるのか、といった疑問を残しているという。

これらの疑問に応えるため、柴崎と川合は、恐怖関連刺激としてヘビとクモの画像、また恐怖非関連刺激として鳥とコアラの画像を用いた視覚探索課題を行った。刺激画像は4枚（縦・横2枚ずつ）、もしくは9枚（縦・横3枚ずつ）に並べて提示された。刺激画像はすべて同じカテゴリーであ

る場合(すべての画像が恐怖関連刺激、もしくは恐怖非関連刺激)と、1枚だけ異なるカテゴリーの画像が含まれている場合(恐怖非関連刺激の中に1枚だけ恐怖関連刺激、もしくはその逆)がある。実験参加者は、提示された画像がすべて同じカテゴリーか、異なるカテゴリーの画像が含まれているかをできる限り速く正確に判断するよう求められた。判断までの時間を分析した結果、恐怖非関連刺激(鳥、コアラ)の中から恐怖関連刺激(ヘビ、クモ)を検出するほうが、その逆よりも速いことが示された。つまり、動物の中でも、恐怖との関連性が高いヘビやクモがとりわけ迅速に検出されることが明らかになった。ヘビとクモを分けて分析した結果からは、ヘビのほうがクモよりも速く検出されることがわかった。

また、ターゲットに向けられた注意の拘束力、つまり注意を持続して引きつける性質に注目して、ヘビとクモを比較した。具体的には、すべてがヘビである場合とクモである場合に、ターゲットが不在と判断するまでの時間を比較した。もしヘビとクモで注意の拘束力に違いがあれば、拘束力が高い刺激ほど、視覚探索に時間を要すると考えられるからであ

柴崎と川合も、さまざまな角度から実験を行った。左の図は、ターゲットがヘビであった場合とクモであった場合の反応時間。クモよりヘビのほうが速く検出されている。中央の図は、ターゲットが存在しない試行において判断するまでに要した時間を示しており、恐怖関連刺激の場合に反応時間が遅くなっている。これはヘビ、クモの注意の拘束力が高いことを意味する。右の図は、ターゲットが存在しない試行において、提示画像がすべてヘビだった場合と、すべてクモだった場合の反応時間を示している。同じ恐怖関連刺激でも、クモよりヘビのほうが注意の拘束力が高いことがわかる。なお、ここではいずれも刺激画像が9枚(3×3)の場合の結果を示している。

る。その結果、すべてクモの画像よりも、すべてヘビの画像のほうが、ターゲット不在の判断に時間を要した。これらのことから、ヘビとクモは恐怖関連性が高い刺激として扱われているが、クモよりもヘビのほうが、より注意を引きつけやすく、向けられた注意をより拘束しやすいことが明らかになった。

　この違いの理由について、川合や柴崎はさまざまな研究を引用して説明を試みており、その1つに恐怖の起源に着目した説明がある。それは、私たちがヘビとクモに感じる恐怖の起源が異なっており、ヘビに対する恐れは、かまれることに対する恐怖が根底にあるのに対し、クモに対する恐れは、汚れや病原体を媒介する嫌悪が根底にあるとするものである。この説では、クモに対する恐怖は、ヘビに対する恐怖よりも進化的に後年に獲得されたと考えられている。

ダイレクトに反応する脳内経路

　神経科学者ジョセフ・ルドゥーによると、脳内において恐怖を処理する中枢は、脳の中心部にある辺縁系、その中でもとくに扁桃体にあるとされる。これは扁桃体が損傷することで、本来ならば恐怖を感じるはずの対象に恐怖反応を示さなくなること（クリューバー・ビューシー症候群）や、扁桃体の中心核を刺激することで、すくみや逃避、防御反応などが生じることから明らかである。

　恐怖に対する反応は、一刻を争う。ルドゥーは「即応、然らずんば死」と述べている。そのため、一般的な視覚情報処理がたどる経路（網膜→外側膝状体→一次視覚野→扁桃体）とは別に、外側膝状体や一次視覚野を経由せずダイレクトに扁桃体に伝わる経路が存在することが示されている。このダイレクトな経路では、視覚野を経ていないので、詳細な分析はなされていないが、ひとまず危機に対応することはできる。ヘビ、クモに対する迅速な検出は、この経路によって処理されていると考えられている。

（大上　渉）

ヘビとクモには要注意！

II
記憶のワンダーランド

17 記憶の心理学的モデル

Keywords
感覚記憶
短期記憶
長期記憶
作業記憶

　人の顔や名前、目的地への道順、自転車の乗り方など、私たちは日常生活においてさまざまなことを記憶に保持し、利用している。このようなさまざまなタイプの情報を記憶するために、私たちの頭の中にはどのような仕組みが備わっているのだろうか。頭の中をのぞいてみても、日記やメモを開いて見るように、そこに旅行の思い出や買い物リストがあるわけではない。したがって古くから、記憶はロウに押された刻印のようなものであるとか、鳥かごへ入れられた鳥であるとかいうような、さまざまなアナロジーを足がかりとして、その仕組みが考えられてきた。その後、情報処理理論の発展に伴い、人間を情報処理装置と見なすことの有用性が高まった結果、少なくとも2つの貯蔵庫からなる記憶の構造や、その性質についての研究が盛んになった。すなわち、それらの貯蔵庫はどれくらいの容量を持ち、どのように関連し合っているのか、それぞれどのようなタイプの情報が表現されているのか、といった問題の解明が試みられてきた。

多重貯蔵モデル

　リチャード・アトキンソンとリチャード・シフリンが提唱した多重貯蔵モデルでは、情報が保持される時間によって感覚記憶、短期記憶、長期記憶の3段階の貯蔵システムが想定された。
　感覚記憶では、感覚器官で受け取った外界の刺激が、何の認知的な処理も受けずそのままの形で、ほんの短い間だけ保持される。例えば、「こんにちは」という音声刺激は、あいさつの言葉として認識されるのではなく、ただの聴覚的な周波数パター

アトキンソンとシフリンの多重貯蔵モデル

環境からの入力 → **感覚レジスタ**（視覚・聴覚・触覚）→ **短期貯蔵庫**（一時的ワーキングメモリ／制御過程：リハーサル・符号化・意思決定・検索方略）→ **長期貯蔵庫**（永続的記憶貯蔵庫）

反応出力

環境からの入力は感覚レジスタを通して短期貯蔵庫へ流れ、その後、長期貯蔵庫へ送られる。このモデルではこうした3段階の貯蔵システムが想定されている。

ンとして数秒間、保持される。刺激が意味を持つものとして認識される以前の話であるため、通常「記憶」と呼ぶものとは少しかけ離れた感じがするかもしれない。聴覚的な感覚記憶であるエコイック・メモリーは保持時間が比較的長い（3〜4秒程度）ため、その存在を日常的な経験から理解しやすいだろう。例えば、テレビゲームに集中しているときに、母親から何か言われた気がして、「何か言った？」と問いかけているその間に「早くお風呂に入りなさい！」と言われたんだな、と気づくような場合である。視覚的な感覚記憶は保持時間が1秒程度と短く、アイコニック・メモリーとよばれる。感覚器官には選別されていない膨大な情報が入ってくるため、情報は次々と更新され、その中から注意が向けられたりパターン認知を受けたりした情報が短期記憶に送られる。

短期記憶では、情報を繰り返すリハーサルを続けることで15〜30秒ほど情報を保持することができる。例えば、劇場では、チケットを見つつ「3列目Gの32……」と心の中で繰り返しながら席を探すだろう。そして座ってしばらくすれば、座席の番号が何であったかは忘れてしまうことが多い。では、どのくらいの情報量を保持できるのだろうか。短期記憶には7±2チャンク（チャンクとは、意味的なまとまりを表す単位）と言われる容量の限界がある。このため、「7941192710」という10けたの数字はリハーサルするにも少々努力を要する。しかし、「794（鳴くよ）、1192（い

い国）、710（何と）」とそれぞれ語呂合わせとしてまとめると、10チャンクを3チャンクにすることができ、容易に保持することができる。

処理水準モデル

　アトキンソンとシフリンによると、短期記憶に情報をより長く保持するほど、安定した長期記憶が形成される。これに対してファーガス・クレイクとエンデル・タルヴィングが主張する処理水準モデルは、情報がどのようなプロセスで処理されていくのかという側面を重視した。つまり、単に情報を繰り返す（維持リハーサル）のではなく、意味づけやイメージ化などより豊富な情報処理（精緻化リハーサル）を行うことが長期記憶に転送される可能性を高めると考えた（→19）。したがって、座席番号などその一時だけ覚えておけばよい情報は維持リハーサルで間に合うが、試験に出題されるかもしれない大切な情報は「鳴くよ　うぐいす平安京」と語呂合わせを作るなど、精緻化リハーサルを行うことで確実に長期記憶に送る必要がある。

　短期記憶から転送された情報は、長期記憶としてほぼ永久的に貯蔵される。長期記憶に保持された記憶のタイプは大きく宣言的記憶と手続き的記憶に分けられ、宣言的記憶はさらに意味記憶とエピソード記憶の2つに分類される。タルヴィングによれば、エピソード記憶は個人的な経験の記憶であり、「いつ、どこで、誰と、どのような経験をしたか」が明らかであるという特徴を持つ。「今回の席は、3列目の真ん中でとても臨場感があってよかったな」というような経験である。意味記憶は、そのような時間的、文脈的な限定がない記憶、いわば知識の記憶である。例えば、「劇場の座席は、舞台全体を見渡すことができる中央の席が望ましい」という共通した認識に当たるだろう。手続き的記憶は、手続きや技能に関する記憶で、いわば身体で覚える記憶である。このため言葉では表現しにくいという特徴がある。小説やドラマなどではよく、「わたしは誰？ここはどこ？」という、いわゆる記憶喪失の主人公が素晴らしいピアノ

の腕前を持っていたり、いくつかの言語を話したりして周囲を驚かせる。これは、エピソード記憶は選択的に障害を受けているが、手続き的記憶や意味記憶は正常に機能しているということである。

作業記憶

　作業記憶（ワーキングメモリ）は、単なる一時的な貯蔵庫と見なされた初期の短期記憶の概念を発展させたもので、アラン・バドリーによるモデルがよく知られており、机の上のような「作業場」によくたとえられる。つまり、情報をちょっと置いておくだけでなく、言語的・視覚的な情報を処理したり、それらを長期記憶と関連づけたりして、会話や文章の理解、学習や推論などの複雑な認知課題を行うシステムである。

　初対面の人と話す場合など、相手の言ったことや外見から得られる情報を利用してさまざまな推測をしたり、どのような反応をするのがベストか話題や言葉をチョイスしたりと、頭がフル回転するだろう。ワーキングメモリ・スパン・テストは、このようなときに必要とされる情報の保持と処理の機能を測定するもので、さまざまな認知課題のパフォーマンスやある種の知能とも関連することが示唆されている。　　（内野八潮）

バドリーの作業記憶のモデル

中央実行系

視空間スケッチパッド　　エピソード・バッファ　　音韻ループ

視覚的意味論　←→　エピソード的長期記憶　←→　言語

作業記憶は、視空間スケッチパッド、音韻ループ、エピソード・バッファというサブシステムとそれらを制御する中央実行系から構成される。視空間スケッチパッドは、視覚的・空間的情報を保持し、それらを操作する。音韻ループは、一時的に音声を貯蔵することと、その貯蔵庫の情報をリハーサルすることにより言語的情報や聴覚的情報を保持する。エピソード・バッファは、近年このモデルに導入されたシステムで、複数の異なるコードからの情報を統合する役割を果たしている。つまり、3つのサブシステムと長期記憶の間を結び、作業記憶で処理されていることを1つのエピソードとしてまとめている。

記憶の心理学的モデル

単なる刺激が記憶になるプロセス

Keywords
符号化
貯蔵
忘却
検索

　試験勉強で苦労しているときに、教科書をそっくりそのまま頭の中にしまっておくことができたら……と誰しも一度は考えたことがあるだろう。見たものをそのまま写真のように記憶する能力は直観像と呼ばれるが、そのような特殊な記憶能力が必ずしも試験で有利だとは限らない。「教科書持ち込み可」の試験でページを繰って年表を探すのと、「鳴くよ　うぐいす　平安京」と思い出して「794年」と解答するのではどちらが速いだろうか。

　私たちの記憶は、自分を取り囲む環境から情報を獲得し、保存しておき、必要に応じて情報を取り出すという働きから成り立っている。これら一連のプロセスは、符号化、貯蔵、検索と呼ばれる。符号化とは、さまざまな情報や経験を「覚える」ことである。貯蔵とは、符号化された情報を「覚えておく」こと、そして検索とは、情報を取り出してくる、つまり「思い出す」ことである。それぞれ、記銘、保持、想起とも呼ばれるが、人間の記憶をコンピュータになぞらえて理解しようとする認知科学や認知心理学の影響を受け、符号化、貯蔵、検索という言い方も一般的となった。

符号化：重要な情報を効率的に取り込む

　符号化の過程では、感覚記憶や短期記憶（→17）に入力された外界の刺激が、内的な記憶表象として貯蔵できる形式に変換されて記憶に取り込まれる。私たちは小説を読むときなど、一言一句を覚えるのではなくおおまかな話の筋を覚えている。ま

た、重大なニュースの内容は記憶していても、それを伝えるアナウンサーのネクタイの柄は覚えていないだろう。つまり、意味のある情報や重要な情報を抽出して不要な情報を省略するというように、符号化の際に情報は形を変える。直観像のように情報を「そのまま」取り込むわけではないのだ。

どのような情報が意味のあるものとして選択され符号化されるのだろうか。符号化過程では、私たちの期待や知識、注意、感情などさまざまな要因が記憶内容に大きく影響する。例えば事故や事件に遭遇したときは、目撃者の注意や情動的ストレスなどが目撃証言の正確さを損なうことが問題視されている。凶器注目効果という現象では、目撃者の記憶は犯人が持つ凶器については促進されるが、それ以外の詳細な情報（犯人の服装など）に関しては抑制される。つまり、目撃者の生命を脅かしかねない重要な情報の符号化が優先されると解釈できる。

その他にも、スキーマや符号化時の方略、環境的文脈などが、どのような内容が選択され符号化されるかを左右し、私たちの記憶を形成する。同時に、ふるいにかけられ符号化されない情報も存在する。つまり、あることが思い出せないという状態は、情報がそもそも獲得されていない可能性がある。凶器注目効果は、目撃者の注意が周辺的な情報には向けられず符号化されなかった結果であることを示唆した研究もある。

貯蔵：情報は削除・上書きされるかもしれない

パソコンに保存しているファイルがいつの間にか消えてしまったり、内容が書き換えられてしまったりしたら、深刻な事態に陥る人は多いだろう。これは、私たちの記憶において起こり得ないことではなく、貯蔵の段階でも情報が「そのまま」存在し続けるのは難しい。

貯蔵された情報は使わないまま時間が経つと徐々に失われ、利用されにくくなる。ショッピングサイトなどで、ずっと以前に登録したパスワードがわからずログインできなかった経験はないだろうか。このよう

に時間の経過とともに記憶痕跡が薄れていくことは減衰と呼ばれる。また、複数のショッピングサイトで設定したパスワードが似通っているため、ごっちゃになってしまい困ったことがある人も少なくないだろう。これは、パスワードの記憶表象がお互いに妨害し合ったためと考えられる。類似した記憶の内容が干渉し合い、想起が困難になると考える忘却の理論は、干渉説と呼ばれる。無意味つづりを覚えてもらった後に、睡眠をとる場合と同じ時間起きている場合の記憶成績を比較した実験では、睡眠をとった場合のほうが記憶成績は高く、この結果は、起きているときの精神活動（本を読んだり、メールを書いたりするなど）による干渉が少ないためであると解釈されている。

　学習した後に睡眠をとることは、外界からの干渉を阻止するだけでなく、記憶を定着させる効果があるようだ。徐波睡眠と呼ばれる深い眠りの間に、記憶表象は神経細胞レベルで再活性化し、不要な情報を除外し、重要な情報を残すように記憶が整理されると考えられている。

検索：手がかりからつながりのある情報を取り出す

　情報が適切に符号化され、安定した記憶表象が貯蔵され続けたとしても、必要なときに取り出すことができなければ「忘れた」ことになってしまう。「平安京遷都は何年の出来事か？」を覚えているという確信があっても、テストで答えられなかったのでは意味がない。情報を「忘れた」という状態は、記憶痕跡が消失してしまったのではなく、情報を適切に検索できなかった結果であるという忘却の理論は、検索失敗説と呼ばれる。

　「うぐいす」とヒントをもらえば、「鳴くよ　うぐいす……だから794年！」と思い出せるかもしれない。このヒントのように、想起のきっかけとなるものは検索手がかりと呼ばれ、貯蔵された情報を取り出す働きがある。符号化特殊性原理（→2 2）によると、検索手がかりが有効に機能するのは、それが思い出す情報と一緒に符号化されている場合である。例

記憶のプロセス

記憶とは、符号化（記銘）、貯蔵（保持）、検索（想起）という一連のプロセスから成り立っている心の働きである。何かを記憶する、あるいは何かを記憶している、と言った場合、これだけのプロセスがうまく機能している必要があるのだ。

えば「友達とフレンチレストランで食事した」という出来事は、どこで誰と何を食べたかといった情報だけでなく、そのときの楽しい気分やBGM、隣席からのたばこのニオイ、靴擦れによる足の痛みなど、環境内のさまざまな情報が結びついて符号化されると考えられる。したがって、あるとき、たばこのニオイがして、それが検索手がかりとして機能すれば、フレンチレストランでの友達との会話を思い出すかもしれない。このように、さまざまな情報は結びついた形で存在すると考えられるため、想起の可能性を高めるには、精緻化などの操作により利用可能な検索手がかりを増やすと効果的だと言える。しかし、ある情報の検索手がかりが増すほどそれらの結びつきは複雑になり、誤った想起も増えてしまう。「うぐいす」から検索されるのは「794年」だけでなく、「色」や「もち」といった情報もあるだろう。ちょうどGoogleの検索ボックスにキーワードを入力したとき、いくつかの検索候補が出てくるのと似ているかもしれない。

（内野八潮）

 単なる刺激が記憶になるプロセス

19 記憶の宮殿

Keywords
記憶術
処理水準説
自己参照効果
サバイバル処理

　世界的に有名なシリアルキラーのハンニバル・レクターと、世界で最も有名な私立探偵シャーロック・ホームズ。この2人の共通点は何か？　答えはどちらも「記憶の宮殿」を有していることだ。

　記憶の宮殿とは、古代から伝わる記憶術の1つである。例えば、レクター博士の宮殿には1千もの部屋があり、各部屋には絵画や彫刻などの美術品が置かれている。博士の膨大な知識は、これらの美術品に関連づけて記憶されており、彼を追うFBI捜査官クラリス・スターリングの自宅住所も、ある部屋の大理石板に刻まれている。宮殿の規模は、大小の建物が何百も連なる大宮殿でも、玄関や仕事部屋などの一室だけでもよい。建物や部屋を構築する理由は、記憶対象の保管場所を用意し、また記憶対象に明確なイメージを与えるためである。この記憶テクニックは現実の世界でも使われており、例えば、宣教師マテオ・リッチは布教先の中国（明の時代）において、西洋の科学・技術の紹介と並んで、記憶の宮殿を構築する方法の教授も布教手段にしていたことが知られている。

情報処理が深いと記憶されやすい

　記憶の宮殿は、記憶術では「場所法」に含まれる。著名な記憶研究者のアラン・バドリーによると、場所法の起源は、古代ギリシャの詩人シモニデスが体験した建物の崩壊事故がきっかけだったという。レスリングの祝宴に招かれたシモニデスは、勝者を讃える詩を披露して外に出た。その直後に建物が崩壊し、

その場の者すべてが圧死した。遺体は身元確認が困難な状態であったが、シモニデスは宴客がいた場所を覚えており、そこから身元を特定したという。その後、シモニデスは、頭の中に部屋をイメージし、その部屋のさまざまな場所に、覚えたい事柄を視覚的に結びつける場所法を考案した。彼の場所法は今日まで有効な記憶術として利用され続けている。

初歩的な記憶術は、記憶にとどめたい事柄をただ暗唱し続けることだ。心の中で繰り返しても構わない。これは維持リハーサルと呼ばれる。一方、場所法は精緻化リハーサルに含まれる。これは、記銘したい事柄と、すでに獲得している知識との関連性や因果関係などを利用して、互いを結びつけて記銘することである。つまり、記銘対象を自分にとって意味のある形に変換する手続きとも言えるだろう。これら2つのリハーサルは、ファーガス・クレイクとロバート・ロックハートの処理水準説によって包括的に説明できる。この説では、記銘対象について深い処理がなされるほど、保持されやすいと考える。例えば、単語の認知処理にはさまざまな段階がある。単語の構成が大文字か小文字かの判断は基礎的な処理であり、浅い処理に相当すると考える。しかし、その単語がある文章に当てはまるかどうかの判断は、文章の文脈に合わせて単語の意味を解釈する必要があり、深い処理だと考える。

16世紀イタリアの哲学者ジュリオ・カミッロの「記憶の宮殿」は半円状の劇場である。観客席に相当する部分7階層の7区画、合わせて49区画それぞれに、宇宙およびそこに含まれる諸事物を意味するイメージが描かれている。この劇場を利用する者は、中央部のステージに立ち、観客席に当たる場所を見渡すことで目当てのイメージを検索する。

自分に関連する情報は記憶されやすい

現代の日々の生活では、パスワード入力による個人認証が不可欠だ。パソコンにログインする、クレジットカードを利用するなど、さまざま

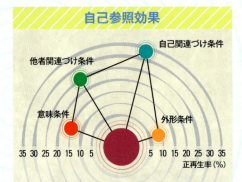

自己参照効果

ウェスタン・オンタリオ大学のニコラス・キュイパーらの実験では、与えられた形容詞が自分に当てはまるかどうかを判断させる自己関連づけ条件で正再生率が最も高かった。他者関連づけ条件は与えられた形容詞が実験者に当てはまるかどうか、意味条件は与えられた形容詞が別の形容詞と同義語かどうか、外形条件は与えられた形容詞の長短をそれぞれ判断するもの。

な場面でパスワードが求められる。パスワードを設定する際の基準は、絶対に忘れないこと、検索しやすいことが挙げられるだろう。実際に多くの人々が自分自身に関連することをパスワードに用いている。例えば、イギリスで1,200人を対象にした調査では、回答者のほぼ半数が、パスワードに自分や家族に関連するもの、例えば自分自身や配偶者、子どもの名前・生年月日などを用いていた。アメリカでもパスワードの6割以上に自分に関することが用いられている。

　パスワードのように、記銘対象を自分に関連づけると忘れにくくなる現象を自己参照効果という。性格を表す形容詞について実験参加者にさまざまな質問をしたとする。その形容詞が長いか短いかを質問した後に、その単語の再生を求めても簡単には思い出せない。しかし、その形容詞が自分にどれくらい当てはまるかを質問した後では、その単語をよく思い出せる。慶應義塾大学の伊東裕司は、自己参照効果が生じる理由は、自分自身について多くを知っていることにあるという。つまり、自分自身については、過去の経験、考え方・好み、将来の見通しなど豊富な情報がある。外部の情報は、これら自分に関する知識と関連づけることで体制化されやすくなる。つまり、自己参照効果では、「自分」が新たな情報を記憶につなぎ止める強力な「場所」として機能している。

生存に関わる情報は記憶されやすい

　近年注目されている記憶方略に、サバイバル処理と呼ばれるものがあ

る。パデュー大学のジェームズ・ナルンらは、ヒトが環境に適応する上で大切な情報、例えば捕食動物の外見や食べ物のありかは記憶されやすいと考え、処理水準と記憶を調べる実験パラダイムを用いてそのことを検証した。実験には、サバイバル条件、引っ越し条件、快適さ条件の3条件があった。実験参加者には、各条件に応じた状況を想定させた。例えば、サバイバル条件では、外国の平原でサバイバルしなければならず、捕食動物から自分の身を守り、食料や水を安定的に確保する状況を想定させた。引っ越し条件では、外国に引っ越すので、新しい住居を購入し、家財や持ち物を運び込む状況を想定させた。その上で、山、指、ウィスキー、クマ、アパートなどの単語が次々と提示され、想定させた状況において、提示された単語がどれほど役立つか評定させた。単語の評価終了後、全単語の想起が求められた。その結果、サバイバル条件の再生率が、他の条件と比べて有意に高いことが示された。この結果から、私たちの生存に関連する情報は、優先して処理され、深く記憶にとどまり続けることが示唆される。

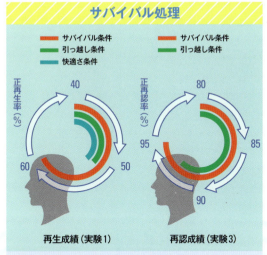

記憶に関わる現象は、再生と再認のどちらか一方でしか確認されないことも多いが、ナルンらの実験ではサバイバル条件の正再生率が他の条件に比べて有意に高いことが示されるとともに、サバイバル処理は再生でも再認でも確認された。なお、実験3の再認では快適さ条件は行われていない。

　こうして見ると、どの記憶術も、記銘対象を鮮明にイメージしやすいものや、自分自身という絶対的な拠り所、自分の身の安全と結びつけてインデクシング(索引化)し、検索しやすくしている。例えば、自宅や実家の間取りは、自分自身に関連し、構造的でイメージしやすいことから、最適なタグや索引になるだろう。 　　　　　　　　　　（大上　渉）

画像は言葉よりも記憶に残る

Keywords
画像記憶
二重符号化理論
スーパー・レコグナイザー

選挙カーから連呼される候補者名を耳にする場合と、街角の選挙ポスターでガッツポーズをする候補者を目にする場合とでは、記憶に残りやすいのはどちらだろうか。画像の記憶についての関心は1970年前後から高まり始め、それまで主流であった言語的な材料についての記憶と、どのような違いがあるのかが検討された。

驚くほどの大容量

初期の研究の多くは、絵や写真など画像の記憶は、単語や文章よりも驚くほどの大容量を備えていることを主張するものであった。

ランドマーク的研究の1つはロジャー・シェパードによって行われた。実験では、540語の単語を学習した群（60語についてテスト）、612の文章を学習した群（68文についてテスト）、612枚のカラー写真を学習した群（68枚についてテスト）が二肢強制選択再認テストを受けた。その結果、正答率の平均値はそれぞれ88.4％、89％、96.7％であり、単語や文章を学習した群よりも写真を学習し

強制選択再認テスト

単語や文章を用いた実験で、一連の学習刺激を見た後に、「先ほど見た単語（文章）を思い出して書いてください」と求める手続き（再生法）はよく用いられる。しかし、画像を使う実験では、参加者の大半は絵を描く訓練を受けていないため、画像の記憶表象を絵に描いて再現してもらうことは難しい。そこで、学習時に提示した旧画像と、提示していない新画像をペアにして、「どちらが先ほど見た画像か」を選んでもらう強制選択再認テストを行うことが多い。

た群の記憶成績が高かった。実際、写真を学習した群では実験参加者34人のうち、25人の正答率が100％であった。

また、2,560枚ものスナップ写真を用いた研究では、実験参加者は1日に640枚もの写真を4日間にわたって学習した。学習した写真から280枚について二肢強制選択再認テストを行った結果、正答率は90％を超える非常に高いものであった。写真1枚の提示時間は10秒であり、どの写真も複雑なシーンを写したものであった（人間を含む場面や都市の風景など）。

細かい情報は保持されるのか

私たちは、よく知っているはずの対象についてさえ、細かい部分の記憶はあいまいなものである。例えば、硬貨や紙幣に何が描かれているか、パンダの身体のどの部分が白でどの部分が黒であるかなど、意外と正確には描写できないだろう。つまり、画像記憶は非常に大容量である一方で、その詳細情報についてはあまり保持されていないとも考えられる。ある研究は、同一のカテゴリーから選んだ画像刺激を学習した場合、それらを「見た」と正しく答える割合はそれほど高くなかったことから（顔：71％、インクのしみ：46％、雪の結晶：33％）、画像記憶の優位性は過大評価である可能性を指摘した。つまり、先行研究では、学習した画像の細かい部分を覚えていなくても、容易に区別できるような画像が新項目として旧項目とペアにされたのかもしれない。

また、シーン画像の詳細情報を学習時とテスト時で変化させた研究では、シーンの意味に関わるような重要な変化でない限り、詳細情報が変わったことに実験参加者は気づきにくいことも示されている（→ 1 5）。驚くべきことに、道を尋ねられた相手が途中で別の人に入れ替わっても気づかない場合があることを報告した実験もある。私たちが視覚的材料に対して言語的な材料よりも優れた記憶を持つといっても、詳細にわたる写真のような記憶を持つわけではないことは明らかである。

しかし近年、私たちがある程度の詳細情報を保持しながら、多くの画

像を記憶していることを示した一連の研究が報告されている。マサチューセッツ工科大学のティモシー・ブレイディーらによる対象物の画像2,500枚を用いた研究では、対象物のカテゴリー（例えば、「鏡」「時計」）だけでなく、特有の詳細情報（例えば、時計の数字はどのような表記であったか）を覚えていなければ正しい解答ができない条件においても、9割近い正答率であった。2,500枚の対象物はすべてカテゴリーが異なったため、概念的に区別がしやすく、詳細情報の効率的な符号化が促進されたと考えられた。

視覚的な材料についての優れた記憶を説明する理論の1つとして、アラン・ペイヴィオによる二重符号化理論がある。この理論では、言語的な情報を扱う言語システムと、視覚刺激の分析やイメージの生成などを行う非言語的システムという個別の認知システムが想定されている。例えば、「愛」のような抽象的な語は言語的にしか符号化されないが、「りんご」のようにイメージされやすい具体的な語は、言語的システムと非言語的システムの両方において符号化される。具体的なシーンや対象物を描いた画像もまた、両方のシステムで符号化されると考えられる。つま

ブレイディーらの実験では、2,500枚の画像が各3秒提示された。学習項目とペアにされる新項目には次の3つの条件があった。Novel条件では、学習された対象物と重複しないカテゴリーの新項目が選ばれた。この条件では、学習した対象物のカテゴリー（例えば「時計」）だけ覚えていれば新・旧の判断ができる。Exemplar条件では、新項目は学習項目と同じカテゴリーから、物理的に類似した対象物が選ばれた。State条件では、学習項目と同一の対象物だが一部が変化したものが新項目だった。つまり、Exemplar条件とState条件では、画像の詳細情報を保持していないと新・旧の判断を正しく行うことはできない。各条件の正答率はいずれも高いものだった。

り、2つの独立したシステムそれぞれにおいて情報が二重に符号化されるため、具体的な語や画像は、抽象語のように言語的システムのみに表象されている場合よりも効率的に検索されやすいと考えられる。より多くの情報を記憶するための記銘方略や記憶術では、イメージと材料を結びつけて覚える方法が利用される（→Ⅰ9）。これもまた、記銘する材料を言語的、非言語的システムの両方に保存したほうが安定した記憶につながり、後に利用しやすくなるためである。このことから考えると、名前を連呼する選挙カーから、候補者本人が手を振っているのを見た場合、かなり強く記憶に残ってしまうかもしれない。

この顔にピンときたら……

　顔という視覚的対象について、驚くべき記憶力を示す人々が活躍の場を広げている。ゲティスバーグ大学のリチャード・ラッセルは、数年前に一度見かけただけの顔を覚えているといった、顔についての並外れた識別能力を持つ人をスーパー・レコグナイザーと名づけた。2009年に行った萌芽的な研究では、4人のスーパー・レコグナイザーが顔の識別テストで通常の人よりもはるかに高い成績を示すことを明らかにした。ロンドン警視庁は、そのような特殊な能力を持つ人を積極的に採用し、新たな捜査分野を開拓している。

　一方、日本では見当たり捜査と呼ばれる捜査手法が、近年注目を浴びている。見当たり捜査は、何百人という指名手配犯の顔を記憶した捜査員が、繁華街や駅前など、雑踏にまぎれた容疑者を見つけ出し検挙につなげるものである。兵庫県警のある捜査員は、常時150～200人の顔を覚えているという。彼らはスーパー・レコグナイザーのように、先天的な能力で大勢の顔を覚えているのではなく、ある捜査員が言うには「ひたすら反復と継続」で顔を覚えるそうだ。覚え方は人それぞれだというが、近年ではノウハウの伝承にも力が入れられ、活躍が期待されている。

（内野八潮）

画像は言葉よりも記憶に残る

歴代のアメリカ大統領、誰を思い出す?

Keywords
系列位置効果
初頭効果
新近効果
レストルフ効果

バーベキューの買い出しを頼まれたとする。「ビール、ウーロン茶、オレンジジュース、牛肉1キロ、ソーセージ、割り箸、紙ナプキン、ゴミ袋、ガム、氷」。メモを取らずに、このリストにあるものをすべて買いそろえられるだろうか?

リスト内の位置で再生成績が変わる

いくつかの項目からなるリストを覚えてもらい、後に思い出してもらうという手続きを記憶の再生課題と呼ぶ。項目が示された順番に関係なく、思いつくままに再生してもらう手続きはとくに自由再生課題と呼ばれる（提示順に再生してもらう手続きは系列再生）。例えば、何人かに先ほどの買い物リストを覚えてもらった後、紙に書き出してもらう。リスト内での順番を横軸にとり、正しく再生された割合を縦軸にとりグラフを描くとU字型の曲線となる。これを系列位置曲線と呼ぶ。つまり、リストの最初のほうと最後のほうの単語の記憶成績が高く（それぞれ初頭効果、新近効果と呼ぶ）、真ん中あたりの単語は成績が比較的低くなることを意味する。ビールやウーロン茶、ガム、氷などは忘れずに買うことができるが、ソーセージや割り箸は買い忘れてしまう可能性が高い

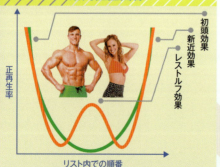

系列位置曲線

初頭効果
新近効果
レストルフ効果

正再生率
リスト内での順番

リストの最初と最後のほうの事物は記憶されやすく、前者を初頭効果、後者を新近効果と呼ぶ。曲線で表現するとU字型になる。また、リストの中でとくに注意を引く異質な事物も記憶されやすい（レストルフ効果）。そのような事物がリストの真ん中にあれば、W字型の曲線となる。

ということだ。このように、リスト内での項目の位置によって記憶パフォーマンスが影響を受けることを系列位置効果と呼ぶ。

では、系列位置の真ん中で、非常に目立つ項目を提示したらどうなるだろうか。初出勤のアルバイト先で男性ばかり次々と紹介される中に1人だけ女性がいたら、その人物は記憶に残りやすいだろう。このように、等質な項目で構成されるリストの中に存在する異質な項目について、突出して記憶が良くなる現象はレストルフ効果として知られている。日常的な事物（例えば、帽子や鉛筆削り）の線画で構成したリストの真ん中に1枚だけ男女のヌード写真を入れた実験では、ヌード写真はその他の項目よりはるかに良く再生され、系列位置曲線はW字型となった。

異なる貯蔵システムからの記憶

系列位置効果は多重貯蔵モデル（→ I 7）の根拠の1つである。リストの最初のほうにある単語は、リハーサルを受ける回数が多くなるため、長期記憶に転送されやすくなる。つまり、しっかりと記憶に残った結果が初頭効果である。単語リストを覚える課題などで、「帽子、帽子、帽子……メガネ、メガネ……」などと繰り返して覚える努力をしたことがあるだろう。そのような方略を声に出すように求めた実験からは、リストの中盤にかけてリハーサル回数が徐々に減っていき、それに応じて再生成績も下がっていくことが示されている。

一方、新近効果は短期記憶の存在を示すと考えられている。大切な試験が始まったとき、直前まで参考書やノートで確認していた内容を、試験問題も見ずにとりあえず解答用紙に書き付けた経験はないだろうか。この行動のように、短期記憶に残っている情報を忘れないうちに利用した結果が新近効果である。リストの提示後に実験参加者に数字をカウントさせたり、暗算などを行わせたりすると、新近効果は消失する。これは妨害課題によって短期記憶内の単語がリハーサルを受けないまま時間が経ってしまい、情報が失われるためである。

また、リスト中盤の単語は、最初の単語ほどリハーサルを受けないため長期記憶にあまり転送されず、リストの提示が終わった頃にはすでに短期記憶にも存在していないため、再生成績が低くなると考えられる。
　初頭効果はリストの長さや単語の提示時間、単語の出現頻度などに影響を受ける。つまり、リストが短い、単語の提示時間が長い、単語の出現頻度が高いなど、いわば符号化がされやすい条件のとき初頭効果は大きくなる。一方、妨害課題や遅延などは新近効果のみに影響する。このように、ある実験操作によりどちらか一方のみが影響を受けるということは、初頭効果と新近効果がそれぞれ長期記憶と短期記憶という異なる貯蔵システムからの記憶であることを支持する証拠と見なされている。

日常の中の系列位置効果

　日常のさまざまな文脈における記憶についても、系列位置効果が数多く報告されている。アメリカのスーパーボウルの生中継の際に放送されたテレビCMについて、試合後に電話インタビューした研究では初頭効果のみが認められた。また、歴代アメリカ大統領についての記憶を調べたいくつかの研究（課題は名前の自由再生や系列再生、就任順に並べ替えるなど）においては、一貫した初頭効果と新近効果が確認されている。ただし、第16代大統領であるエイブラハム・リンカーンについては再生率が跳ね上がったため、グラフはW字型となった。さらに、12日間にわたって職場の駐車場のどの位置に車を停めたかについての再生においては、顕著な新近効果が見られた。ここ1週間の夕食のメニューを思い出してみれば、新近効果が体験できるかもしれない。このように、長期的なエピソード記憶や、歴代大統領名のような意味記憶においても新近効果が認められることから、近年では、新近効果は短期記憶からの出力という解釈に限定されない頑健な現象であると考えられている。
　歴代アメリカ大統領についての研究をもう少し詳しく見てみよう。記憶研究者のヘンリー・ローディガーとロバート・クラウダーの研究は、リ

ローディガーらの実験では2つの条件が設けられた。自由再生条件では、参加者は5分間、アメリカの歴代大統領の名前を書き出した。系列再生条件では、1から36の数字があるシートに、対応する代数の大統領の名前を書くよう求められた。実験が行われたのはリチャード・ニクソンとジェラルド・フォードの在任期間中（1969～1977年）であった。リンカーンについては、その傑出した業績のために、レストルフ効果と似たような現象が見られた（第6代ジョン・アダムズ、第26代セオドア・ルーズベルトにも同様の効果が認められた）。それら突出した項目の前後も再生率が高くなっており、波及効果と解釈できる。

ストの最初や最後というのは位置的に手がかりとして利用されやすいため、系列位置効果が現れるとの説を支持した。つまり、大統領の名前を思い出す際に、「誰がいたかな……」と記憶の探索が始められる起点として、最初や最後というのはきっかけとなりやすいというわけである。同様にリンカーンもその起点とされたため、その波及効果として第17代、第18代大統領の再生率が他よりも少し高くなっていると考えられた。

また、就任の順序についての情報に接する頻度が高いほど、大統領名を就任順に並べ替える課題の正答率が高くなるという相関関係を示した研究もある。例えば、学校に上がれば「アメリカの初代大統領はジョージ・ワシントンである」ということを何度も学習するし、試験で問われたりもするだろう。これは初頭効果につながる。一方、テレビや新聞で見聞きしたり、政策を吟味し政治的な立場を決めたりなど、生涯を過ごしている間に就任した大統領に関しては、多くの情報に接することになる。このことが新近効果を生み出すと考えられている。　　　　（内野八潮）

記憶の中に密かに織り込まれているもの

Keywords
プルースト効果
文脈依存記憶
状態依存記憶
符号化特殊性原理
気分一致効果

イギリスの心理学者サイモン・チュウによると、古代中国では、歴史や民話を口伝する際、香炉様の物で香りを嗅いでいた。その話を後代の人々に語り継ぐ際にも、当時の香りが焚かれた香炉を回し嗅ぐことで鮮明に記憶を想起させたという。つまり、香りによって刻まれた記憶は、その香りによって想起される。この現象をプルースト効果という。ある特定の匂いが想起手がかりとなって、過去の感情的な自伝的記憶が想起されるというものだ。この現象は、フランスの作家マルセル・プルーストによる大作『失われた時を求めて』において、主人公が

香りが呼び覚ます

ハーツらの実験の結果、過去の自伝的記憶を想起させる場合、嗅覚による手がかりは、視覚、聴覚による手がかりに比べ、当時の状況をありありとかつ情動的に想起させた。

紅茶に浸したマドレーヌを口に含んだ瞬間に、それらの香りが幼少期の記憶を鮮明に思い出したことにちなんで名づけられている。

　このプルースト効果は、数々の実証的研究によっても再現されている。例えば、ブラウン大学のレイチェル・ハーツは、実験参加者に対し、キャンプファイア、芝刈り、ポップコーンの3つの事柄について、それらに関する自伝的記憶があるかを尋ねた。次に、想起された出来事に関して、視覚（例：芝を刈る様子の動画）、聴覚（例：芝刈り機の音）および嗅覚（例：芝の匂い）の各手がかりを与えて想起させ、その都度、その記憶の感情喚起性や鮮明さなどを評定させた。その結果、想起手がかりとして嗅覚が与えられた場合、他の手がかりと比べ、感情喚起性および記憶喚起性が有意に高く評定された。つまり、香りや匂いは、当時の状況をありありと情動的に想起させる手がかりであることが示された。

符号化のされ方が記憶内容を決める

　香りや匂いに限らず、ある出来事を想起する際、それを経験した当時の状況や状態に再び身を置くことで、その記憶が鮮やかに思い出されることが知られている。これは、文脈依存記憶（記銘時と想起時の物理的環境が一致すると想起が促進される）や状態依存記憶（記銘時と想起時の身体的・心理的状態が一致すると想起が促進される）とも呼ばれ、その背景には符号化特殊性原理があるとされている。

　符号化特殊性原理とは、記憶研究で世界的に知られるエンデル・タルヴィングらによって提唱されたものであり、「貯蔵された内容は、知覚された内容とそれがどのように符号化されたかによって決定される。また貯蔵された内容は、その内容にアクセスする効果的な検索手がかりを決定する」とされている。簡単に言えば、符号化のされ方が記憶の内容を決め、記憶の内容が有効な検索手がかりを決める、ということになる。この原理から、ある事柄を想起する際の検索手がかりとして符号化時の状況を用いれば、記銘された内容が想起されやすくなると予想される。

記憶に織り込まれる物理的環境

符号化特殊性原理を実験的に再現した研究は数多い。よく知られた研究は、スターリング大学のダンカン・ゴドンとアラン・バドリーによる文脈依存記憶の研究であろう。彼らは、大学のダイビング部の学生らを実験参加者とし、符号化と検索の物理的環境を操作した。環境は陸上と水中の2か所であり、これらを組み合わせて符号化と検索を行わせた。実験条件は、符号化を陸上か水中で行う条件と、検索を陸上か水中で行う条件の組み合わせで4条件が設けられた。記銘材料は36個の単語であった。単語の再生成績を比較したところ、符号化時と検索時の環境が一致している場合（符号化・検索ともに陸上もしくは水中）のほうが、不一致の場合（符号化が水中で検索が陸上、もしくはその逆）よりも高い再生成績を示した。つまり、同じ単語を符号化するにしても、水中ではダイビングスーツ越しに感じる水温や水圧、マウスピースの違和感、自分の呼吸音などが記憶に織り込まれ、検索時の手がかりとしても機能することになる。

記憶に織り込まれる生理的状態や気分

符号化特殊性原理は、ゴドンとバドリーが扱った物理的環境以外にも、記銘時の生理的覚醒状態や、気分・感情などの内的状態が、符号化時や検索時の手がかりになることが確認されている。

ニューカッスル大学のロジャー・ピーターズらは、タバコに含まれるニコチンが脈拍を上昇させ、生理的覚醒をもたらすことに注目し、状態依存記憶を検証した。予備調査によって、ニコチン含有量（1.4ミリグラム）が多く、脈拍を有意に高く上昇させるタバコの銘柄と、プラセボ群としてニコチン含有量（0.2ミリグラム）が少なく、脈拍に影響しないタバコの銘柄が選ばれた。実験は2日間行われ、両日とも同じ銘柄を吸う一致条件2群（高・高、低・低）と、異なる銘柄を吸う不一致条件2群（高・低、低・高）が設けられた。1日目に喫煙した後、記銘材料の単語が順次提示さ

れ、直後に再生が求められた。また2日目も喫煙後に1日目の単語再生が求められた。1日目の再生数を基準にし、2日目の単語再生率を比較したところ、両日とも同じ銘柄を吸った一致群（高・高、低・低）のほうが、1日目にニコチン含有量が低いタバコ、2日目に含有量が高いタバコを吸った不一致群（低・高）よりも再生率が有意に高かった。このことから、生理的覚醒状態のような記銘時の内的状態も、符号化時・検索時において手がかりになり得ることが示されている。

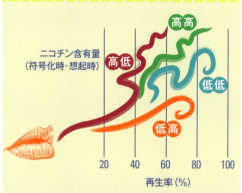

身体は覚えている

ピーターズらは、タバコのニコチン含有量によって実験参加者の生理的覚醒状態を操作した。予備調査で、ニコチン含有量が高いタバコを吸わせた群は、含有量が低いタバコを吸わせた群よりも脈拍数が高くなることが確認されている。実験の結果、符号化時と想起時の生理的覚醒状態（脈拍数）が一致しているほうが、単語の再生率が高かった。ちなみに、この研究は1982年に発表されているが、世界的に健康志向が高まっている現在では、このような実験や追試を行うことはかなり難しいだろう。

一方で、符号化時の気分・感情と一致する感情価を持つ情報が符号化されやすい現象は気分一致効果と呼ばれる。スタンフォード大学のゴードン・バウアーらは、実験参加者を楽しい気分か、悲しい気分かのどちらかに催眠を用いて誘導し、気分一致効果を検証した。どちらかの気分に誘導した後、幸運に恵まれた人物と不幸な人物が登場する短い物語を読ませた。その翌日、前日の物語について再生させたところ（このとき、気分の誘導はない）、楽しい気分で物語を読んだ参加者は、幸運に恵まれた人物に起きた出来事を、また悲しい気分で読んだ参加者は、不幸な人物に起きた出来事をより多く再生した。この結果は、記銘時の気分に一致した情報がより多く符号化されたことを示している。

以上のように、私たちの記憶には、符号化時の外的環境、香りや匂いのような印象的な感覚、また生理的覚醒状態や気分などの内的状態が密かに織り込まれているのである。

（大上　渉）

記憶の中に密かに織り込まれているもの

23 記憶は自分で思うほど当てにならない

Keywords
スキーマ
スクリプト
事後情報効果
再固定化

　同じ出来事に対する記憶が人によってまったく異なるなど、私たちの記憶は自分が思っているほど当てにならない。それもそのはず、情報は入力される知覚段階を皮切りに、符号化、貯蔵、検索それぞれのプロセスにおいて、さまざまな要因の影響を受けるため、出来事の正確な情報をそのまま記憶することはほぼ不可能である。例えば、わずか数本の線分による単純な錯視図形からも、私たちが外界の物理的な特性をそのまま知覚していないことがよくわかる。また、暗い夜道を家へと急ぎながら、「ここは墓地のそばだから、なんだか恐いな……」などと怯えていれば、突如あらわれた暗い影を幽霊と勘違いしてしまうかもしれない。実際はネコが飛び出してきただけにもかかわらず、恐怖の感情が出来事の経験を実際とは異なるものにしてしまうのである。このように、記憶の誤りは情報を取り入れる段階ですでに生じてしまう。その後さらに、新しく得た情報やすでに持っている知識などの影響を受け、記憶に取り込まれた内容はしばしば変容することが多くの研究から示されている。

言葉による変容

　記憶の変容について、引用されることが多い2つの研究を紹介しよう。

　エリザベス・ロフタスとジョン・パーマーの実験では、実験参加者は交通事故のフィルムを見た後にある質問に答えた。「2台の車が『激突した』ときどのくらいのスピードだったか？」と聞

かれた場合のほうが「2台の車が『ぶつかった』ときどのくらいのスピードだったか？」と聞かれるよりも車のスピードは速く見積もられた。その1週間後に行われた、「割れたガラスを見たか？」という質問には、実際には割れたガラスなどなかったにもかかわらず、「激突した」という誘導的な語を与えられた群は「見た」と多く答えた。「激突した」のだからガラスも割れていただろうという推測が働き、記憶の書き換えが起こったと考えられた。

レオナルド・カーマイケルらの実験では、「次の絵は、～に似ています」とラベルを与えられながら、実験参加者は12枚の曖昧な図形を見た。ラベルは2パターン用意されており、例えば、1本の横線によって結ばれた2つの円については、「メガネ」と「ダンベル」のどちらを与えられるかは実験参加者によって異なっ

言葉の激しさに誘導される記憶

「接触した」ときのスピードは？ 51.2キロ
「衝突した」ときのスピードは？ 61.3キロ
「ぶつかった」ときのスピードは？ 54.7キロ
「突き当たった」ときのスピードは？ 63.2キロ
「激突した」ときのスピードは？ 65.7キロ

ロフタスらの実験では、参加者に交通事故のフィルムを見せた後、質問の言葉をさまざまに変えて、事故を起こした車のスピードを推定させた。すると、事故の程度をより激しく表現した言葉を用いるほど推定スピードは速くなった。（実験時の時速の単位はマイルだが、ここではキロに直している。）

言葉の意味に引っ張られる記憶

再生された図形	語群Ⅰ	刺激図形	語群Ⅱ	再生された図形
	← 窓のカーテン		矩形の中のひし形 →	
	← ビン		あぶみ →	
	← 三日月		C →	
	← ミツバチの巣箱		帽子 →	
	← メガネ		ダンベル →	
	← 7		4 →	
	← 船の舵輪		太陽 →	
	← 砂時計		テーブル →	
	← インゲン豆		カヌー →	
	← 松の木		こて →	
	← 銃		ほうき →	
	← 2		8 →	

Carmichael et al. (1932)

カーマイケルらの実験では、参加者は刺激図形を見るとき、語群ⅠかⅡのラベルを与えられ、その後に図形の描画再生を求められた。結果は、図のように、ラベルの意味に合うような図形が再生された。

た。図形を見た後に描画再生を行ってもらうと、それぞれのラベルの意味に合うような形状の図形が再生された。

これらの研究は、出来事や視覚的対象が言語的手がかりに基づいて符号化され、さらに想起時には言語的手がかりに沿うように内容を修正しながら記憶が再構成されることを示している。

スキーマによる変容

先に紹介した2つの研究における言語的手がかりは、スキーマと言い換えることもできる。スキーマとは、過去の経験から形成された知識構造であり、新しい情報を解釈する際に認知的枠組みとして利用される。言葉の通じない外国へ行ってもレストランで食事をすることができるのは、「席に案内される、メニューを見て注文する、食べる、支払いをする」という一連の行動についてのスキーマを持っているからである(とくに行為に関するスキーマはスクリプトと呼ばれる)。カーマイケルらの実験参加者は、曖昧な図形と与えられたラベルを照らし合わせて、「ダンベル」ならばここが持ち手のところで、太くなっているだろう、などとダンベルに関するスキーマに基づいて符号化や想起を行ったと解釈できる。

イギリスの心理学者フレデリック・バートレットは、記憶研究の先駆的な著書である『想起の心理学』の中で、私たちの知覚や記憶がスキーマの影響を受け変容する過程を示した。視覚的材料を用いた実験では、実験参加者はとくに意味のないインクのシミに対して、自分の体験を反映させた特定の対象や場面を思い出した。例えばある実験参加者はシミについて、「2羽のコマドリに見える」とし、「子どもの頃いつも見ていた本の中の絵を思い出させる」と記述した。また、言語的材料を用いた実験では、イギリスの大学生になじみのない「幽霊の戦い」という民話を読ませ、その後、期間をおいて数回、覚えている内容を報告させた。何度も再生

される中で、なじみのない固有名詞や言葉、超自然的なものは省略され（単純化）、話は短くまとまりのよいものへと変化していった（合理化）。

バートレットの一連の研究結果は、私たちが与えられた情報に対して意味を求めようと、積極的に情報処理を行い記憶に取り込もうとすること、その際、既存のスキーマとの整合性をとるような形に内容が変化することを示している。このようなスキーマの働きが想起する内容に反映されるため、記憶は元の内容から変容してしまうのである。

再固定化による変容

符号化された情報は安定して存在し続け、そのまま想起されるわけではない。目撃証言の研究においては、事件や事故の目撃者の記憶が、出来事の後に接する情報（テレビや新聞の報道など）によって変容することが指摘されている（事後情報効果）。また、想起の際には細部を補足して一貫性のある話になるように再構成するため、出来事の元の内容と食い違ってしまうこともある。例えば、衝撃的なニュースを聞いた状況についての記憶（フラッシュバルブ記憶）の研究では、いつ、どこで、何をしているときに、誰から聞いたかという詳細な情報が補われた、つじつまの合う話が再構成されることが知られている（→2 8）。つまり、記憶された内容は、その後もたらされる情報が取り入れられたり、想起のたびに都合よく修正されたりと、ことあるごとに改訂されるものなのである。

一方、神経生理学の研究では、長期記憶として固定された記憶が、想起（再活性化）されたときに得られる新しい情報を組み込んで再び固定化されることがラットを用いた実験で示されている。そのような再固定化の効果は、人間の手続き的記憶（指のタッピング課題）やエピソード記憶においても認められている。記憶の変容に関して脳内のメカニズムが明らかになる日も近いかもしれない。

（内野八潮）

記憶は自分で思うほど当てにならない

24

想像力のインフレーション

Keywords
偽りの記憶
イメージ
情報源誤帰属
仮説

　大企業の名前を出し、高い利息が得られるとして、少なくとも50人以上から7億円以上をだまし取り、タイに逃亡していた日本人女性は逮捕後の手記で次のように語っている。「自分で作った架空話なのに、何度も繰り返し話していると自分の耳にも入り込み不思議な錯覚に陥っていく。本当に投資先が存在するのではないかと思うほどになる」。

　自ら想像したことを、やがて事実として認識するようになるのは、彼女に限ってのことではない。実は私たちにも当たり前に起こり得る。そのことは、いくつもの実験研究によって裏づけられている。

架空の出来事が事実になる

　例えば、ワシントン大学のマリアンヌ・ギャリーらは、「想像力のインフレーション」と題する論文において、次のような実験を行っている。まず、実験参加者に生活上の出来事に関する質問紙（LEI）を渡し、40項目の出来事が子ども時代（10歳まで）に実際に起きたかどうかを8段階（1＝絶対に起きなかった～8＝絶対に起きた）で評定させた。その評定結果に基づいて、実際にはおそらく起きていない8つの出来事（例えば、木から降りられず助けを呼んだ、手で窓を割り出血した、など）が抽出された。2週間後に実験参加者を再度集め、実際にはおそらく起きていない8つの出来事のうち、4つの出来事について、できる限り鮮明かつ完全に想像するよう求めた。残りの4つの出来事については想像させず、比較対照に用いられた。その後、2度目のLEIを回

答させて終了した。想像させた4つの出来事と想像させなかった4つの出来事について、1度目と2度目のLEI評定値を比較したところ、想像させた出来事は、想像させなかった出来事と比べ、2度目の評定値がより高い値に改められていた。つまり、そのような出来事は起きておらず、経験していないと当初評定した出来事であっても、想像させることで、実際に経験した方向に認識が改まることを示している。

このように架空の出来事であっても、そのことを想像することで、それが実際に起きた出来事であると思うようになる現象をギャリーらは「想像力のインフレーション」と名づけている。

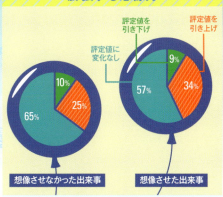

膨張する想像力

ギャリーらの実験で、1度目の評定において実際には起きていないと評定された（8段階評定の1〜4に相当）8つの出来事のうち、想像させた4つの出来事と想像させなかった4つの出来事について、2度目の評定でどのように変化したかを示したグラフ。最終的に38人の実験参加者が評定し、想像させた4つの出来事は112個の評定値、想像させなかった出来事は119個の評定値が分析対象となった。評定値の大半は、1度目と2度目で評定値が同じままの「評定値に変化なし」である。しかし、評定値に変化が見られたもの、とくにより高い値（実際に経験したという方向）に改められた「評定値を引き上げ」については、想像させなかった出来事よりも、想像させた出来事で多く見られた。

写真があれば定着しやすい

想像するだけでも架空の出来事の記憶、いわゆる偽りの記憶が形成されるのであれば、より視覚的なイメージに富む画像を見ることで、さらに形成されやすさに拍車がかかるかもしれない。

ヴィクトリア大学のスティーブン・リンゼイらが行った研究では、大学生を対象に小学生時代の出来事3つについて尋ねた。これらの出来事のうち2つは実際に生じた出来事であり、事前に大学生の両親に確認したものである。もう1つは実験者らが作成した架空の出来事であり、小学1、2年生のときに担任の机にスライム（ぐにゃぐにゃした半固形の玩具）

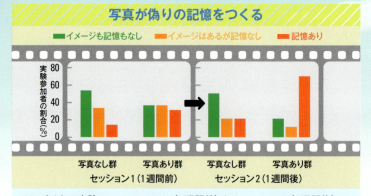

リンゼイらの実験で、セッション1（1週間前）とセッション2（1週間後）で、架空の出来事について、ただ想像させた群（写真なし群）と写真を与えて想像させた群（写真あり群）の回答内容の変化を示したグラフ。「記憶あり」反応に「イメージはあるが記憶なし」反応を加えると、写真なし群では45.5％の実験参加者が架空の出来事についての偽りの記憶をつくり上げた。さらに写真も与えられた群では78.2％の実験参加者が偽りの記憶をつくり上げた。

を忍ばせたというものである。実験はインタビュー形式で行われ、3つの出来事について説明した文書を読ませ、それぞれ覚えているかを尋ねた。その際、心的文脈などを復元し、できる限り思い出すように求めた。また実験参加者の約半数には、想起手がかりとして各出来事の時代に対応する学級写真も与えられた（写真あり群）。1週間後に再び架空の出来事について想起させたところ、ただ想像しただけの群は、1週間後では回答者の45.5％が架空の出来事を記憶として想起した。これに対し、写真を与えられて想像した群では、回答者の78.2％が架空の出来事を想起した。つまり、写真を提示することで、架空の出来事が記憶としてより定着しやすいことが示されたのである。

繰り返しイメージさせるとさらに定着

また、イメージして想像させる際に、何度も反復して想起させると、偽りの記憶が想起されやすくなることも明らかになっている。ウェスタン・ワシントン大学のアイラ・ハイマンとジョエル・ペントランドは、学生65人に対し、幼少期に起きた出来事を提示し、それらの詳細を想起さ

せた。提示された出来事には、実際に起きた出来事と架空の出来事が含まれていた。実際に起きた出来事は、学生の両親によって確認されたものであり、家族そろっての休暇、誕生日会などである。一方、架空の出来事は、結婚式のパーティー会場を走り回って飲み物のボウルをひっくり返してしまい花嫁の両親にひっかけたという内容であり、ハイマンらが作成したものであった。実験参加者が、出来事を想起できない場合は、条件に応じて次のような教示がなされた。イメージ化条件では、それらの出来事の詳細をイメージするように教示され、また統制条件では、それらの出来事を座って1分間考えるように教示された。想起や教示はインタビュー形式で行われ、1週間のうち1日おきに計3回行われた。実験の結果、イメージ化条件も統制条件もどちらも、インタビュー回数が増えるほど、架空の出来事がより多く想起された。とくにイメージさせた場合は、そうでない場合と比べ、さらに多くの架空の出来事が想起された。

原因は情報源の識別の困難さ

　架空の出来事が実際に経験した出来事として記憶される偽りの記憶は、記憶の情報源を識別できないことで生じると考えられている。これを情報源誤帰属仮説という。ある出来事の記憶が、実際に自らが経験したことなのか、想像やイメージしたことなのか、あるいはテレビや新聞、インターネットから得た情報なのか、という情報源を正しく識別できず、誤って別の情報源に帰属させてしまうことである。聖心女子大学の高橋雅延によると、想像力のインフレーション効果では、想像した事柄であってもイメージを伴う鮮明な情報になり得て、その場合、情報源の識別が困難になり、現実に経験した出来事と判断してしまうことがあるという。

　事件の取調べなどでは、物証や写真などの視覚的手がかりを示しながら事件の想起を繰り返し求めることがあるかもしれない。こうした手続きは想像力のインフレーションを引き起こすことになり、事実ではない偽りの記憶が形成されてしまう可能性も考えられる。　　　　（大上　渉）

心の中の風景はどこまでも広がる

Keywords
境界拡張
知覚スキーマ
非対称的混同効果

風景を写真に収める際、「日常風景を切り取る」「旅先での美しい風景を切り取る」といったように「切り取る」という言葉が用いられる。しかし、写真に収められた風景を見たとき、私たちはそこに「切り取られた」という印象を抱くことは少ない。いわき明星大学の大原貴弘らは、次のように説明する。「我々は、たとえば街の風景の一部分が写っている写真を、枠に囲まれた箱庭のような世界ではなく、写真の枠の外にまで視覚世界が続いているものとして認識する」。以前見た、ある風景の写真を思い出したとき、私たちは実際に見た写真よりも広い範囲が写った画像として想起する。この現象を境界拡張という。

写っていない背景まで思い出す

最初にこの現象を見出したのは、デラウェア大学のヘレン・イントラウブとマイケル・リチャードソンである。彼女らは、実験参加者に対し、背景を含めて詳細に記銘するよう教示した上で、花やピザ、自転車、電話などの画像をスライドで提示した。その後、提示された画像のうち指定された4つの画像について描画再生が求められた。描画するための用紙には指定されたアイテムの名称とスライドの比率に相当する枠が印刷されており、その枠内に描かせた。描画された画像は、実際に提示された画像よりも、背景が広く、被写体が小さく描かれているか、あるいは被写体がクローズアップして描かれているか7段階で評価された。その結果、描画再生された画像のうち、95％の画像において、被写体が小さく描かれ、また実際には提示されなかっ

た画像の外側のものまで描かれており、境界拡張が生じていたことが確認された。彼女らはまた、被写体までの撮影距離を操作して、被写体に接近しクローズアップした画像や、逆に遠距離から撮影して被写体の周りの背景まで広々と映り込んだ画像を作成して、再認課題も行い、それによっても境界拡張を確認している。

境界拡張とは、ある風景を思い出したとき、実際の風景よりも広い範囲を想起するというものだ。イントラウブらの実験では、左の写真のような風景を参加者に見せて、描画再生を求めたところ、右のイラストのような、実際には写っていなかった背景まで描いた参加者が多かった。

空間表象のスキーマの活性化

　境界拡張を説明する有力な理論の1つとして知覚スキーマ仮説がある。知覚スキーマ仮説では、写真を見る際に、空間表象に関するスキーマが活性化され、写真の枠外にまで視覚世界が広がっていると認識する。この認識が写真の画像情報に統合され、実際よりも広い範囲が写った写真として想起され、境界拡張が生じると考える。

　この知覚スキーマ仮説について、大原らは次のような方法で検証した。まず、学習刺激に先行して、学習刺激と同じシーンが広い範囲で写った画像を提示した。これにより実験参加者の空間表象スキーマがより活性化され、シーンの広がりをより感じるようになると考えられる。その後、2種類の学習刺激を提示する。1つは先行提示した刺激と空間的に関連性がある学習刺激（関連群）と、もう1つは関連性がない学習刺激（無関連群）である。その後、再認法によって境界拡張の生起を評価した。再認刺激は実際には学習刺激と同じものが用いられているが、再認刺激が撮影された距離について、つまり再認刺激は学習刺激の近くから撮影されたものなのか、あるいは遠くから撮影されたものなのかを評定させた。

具体的には実験参加者に水平線分（20センチ）を示し、その中央を「同じ」、左端を「近い」、そして右端を「遠い」とした上で、線分上の任意の箇所に縦線を記入させた。「同じ」は「0」とし、「近い」「遠い」については、記入された縦線までの長さ（−10センチ〜＋10センチ）を評定値とした。もし、再認刺激の撮影距離が学習刺激に接近して撮影された、すなわち「近い」と評定された場合（マイナスの値である場合）、境界拡張が生じたものと考えられる。その結果、学習刺激と関連性がある関連刺激を先行提示した場合のほうが、関連のない無関連刺激を提示した場合よりも、評定値が有意に低く、境界拡張が生じていたことが示された。つまり、文脈に一致した先行刺激を提示することによって、知覚スキーマが活性化され、境界拡張が促進されることが明らかになった。

失われた街並みはその記憶まで失われる

「景観10年」という言葉がある。街の景観は10年で変化するという意味である。確かに、再開発や区画整理などによって街並みは10年で様変わりする。新たな街並みに慣れたころ、かつてあった建物を思い出そうとしてもなかなか思い出せない。つまり、風景から「削除」された建物を思い出すことは、私たちにとって難しい課題と言える（➡ 15）。

この現象を実証的に検証したのが、九州大学の内野八潮らである。彼女らは、実際に存在する駅のホームやボウリング場、風呂場などのさまざまな風景を線画にした上で、風景内にあるアイテムの削除や、新たなアイテムの追加を行った。このアイテムの追加や削除を行う目的は、風景の典型性を操作することにある。例えば、ある風景において必要性が高いアイテムの削除は、風景の典型性を大きく損なわせることになる。また必要性が低いアイテムが追加された場合も、風景の典型性を大きく損なわせることになる。その一方で、風景において必要性が低いアイテムの削除は、風景の典型性にさほど影響はなく、必要性が高いアイテムが追加された場合も同じく典型性にはさほど影響を及ぼさないことが予

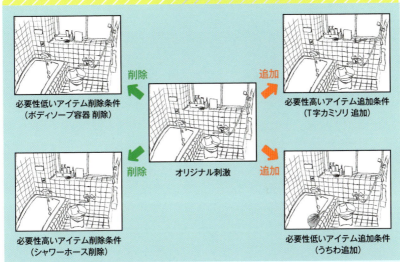

内野他（2005）

内野らの調査によれば、風景の典型性が損なわれるような変化は気づかれやすい。具体的には、その風景において必要性の低いアイテムが追加された場合に変化は気づかれやすい。風呂場の例で言えば、上の4つの条件の中でも、風呂場に必要のないうちわが追加された条件が最も気づかれやすかった。

測される。以上のように作成されたさまざまな風景が実験参加者に提示された。その後、再認刺激が提示され、実験参加者は、それらの画像が学習時から「変化したか」もしくは「変化していないか」の判断を求められた。その結果、風景の典型性を損なう場合においてのみ、アイテムが追加された風景のほうが、削除された風景よりも、変化の違いに気づかれやすいことが明らかになった。

このように何かがなくなることよりも、新たに何かが加わることのほうが気づかれやすいことを非対称的混同効果という。つまり、アイテムが追加され、なおかつその追加によって風景の全体的イメージや雰囲気などが損なわれる場合においてのみ、私たちはその変化に気づきやすいと言える。やはり、私たちにとって、壊されてなくなった、かつてあった建物やその街並みを思い出すのは難しいことなのである。　　（大上　渉）

私たちは認知の倹約家

Keywords
神経細胞
効率的符号化仮説
日常記憶

　東京大学の高橋宏和は脳とコンピュータを比較し、脳は省エネルギーな器官であると述べている。人間の脳は100億（10^{10}）もの神経細胞（大脳や小脳、脊髄などを形成する細胞）で形成されているのに対し、一般的なコンピュータのCPU（中央演算処理装置）は、神経細胞より1桁少ない10億（10^9）ほどのトランジスタ（半導体内に組み込まれた電子素子、情報を「0」と「1」で表現）によって構成されている。しかしながら、消費エネルギーは脳のほうが少なく、わずか20ワット（蛍光灯程度）であるのに対し、コンピュータはその倍以上の50～100ワットとされる。また、高橋は生物が利用できる体内のさまざまなリソースは限られていることから、省エネは生物の基本戦略であると述べている。省エネによって節約されたリソースやエネルギーは別の課題に費やせることになる。

　感覚器官を通じて入力された外部の情報は、脳内では符号化されて情報表現されているものと考えられている。より具体的に述べると、外部の情報は、神経細胞の発火の頻度あるいはタイミングなどの神経活動によって符号化されている。玉川大学の鮫島和行によると、その際、冗長性が少なくなるよう、つまり無駄が生じないよう、効率的な符号化がなされるという。詳細ではあるものの冗長な情報表現は、多くの神経細胞の活動が必要となり、エネルギー的に無駄が生じ、生存にも不利になる。そのため、符号化では、冗長性ができる限り少なくなるよう、効率的符号化がなされていると考えられている。この仮説を効率的符号化仮説という。

必要最低限のことしか記憶しない

　心理学における記憶研究には伝統的に2つの系統がある。1つはヘルマン・エビングハウスを祖とする理論的記憶研究と、もう1つはフレデリック・バートレットを祖とする日常記憶研究である。理論的記憶研究では、記憶の心的メカニズムの解明や規則性を明らかにするため、実験参加者や記銘材料、実験手続きを厳密に統制した研究が行われる。よく知られた忘却曲線や初頭効果、新近効果などは理論的研究により見出され、現在でも私たちの記憶の性質を理解するための重要な手がかりとなっている。しかしながら、理論的記憶研究は、実験の厳密な統制にこだわりすぎ、日常的な記憶の振る舞いとかけ離れているとの批判がある。そこで日常記憶研究では、いかに日常的場面に近づけることができるか、つまり生態学的妥当性の確保にこだわり、私たちの身の回りにある事物や自らの体験を記銘材料にした研究が行われている。

　日常記憶研究において繰り返し報告されているのは、私たちは、日常的に用いている事物であっても、見慣れた事物や風景であっても、それらを完全に再現できるほど詳細に記憶していないということである。例えば、著名な企業やブランドの商標・ロゴは日常生活において頻繁に目にする。しかし、真正のロゴとその細部を改変したロゴを見分ける課題は思いのほか難しい。

　もはや古典的な研究と言えるが、日常記憶の代表的な研究にレイモンド・ニッカーソンとマリリン・アダムスによるものがある。彼らは1セント硬貨を記銘材料にし、アメリカ人20人に2つの円（約5センチ）が描かれた紙を渡し、そこに1セント硬貨の表側と裏側をそれぞれ描画再生するよう求めた。その結果、1セント硬貨の8つの特徴のうち、位置も含めて正しく再生されたのは、リンカーンの顔などわずか3つにとどまり、残りの特徴は省略されていた。

　日本の紙幣を用いた同様の研究もある。九州大学の高良加代子と箱田裕司は、日本の大学生72人を対象に、千円札（野口英世の肖像画があるも

硬貨の特徴、覚えている？

描画再生の例

正解

Nickerson & Adams (1979)

10円玉の表と裏にどんな文字や図柄が入っているか、思い出して描いてみてほしい。ニッカーソンらが1セント硬貨を用いて実験を行ったところ、位置も含めて正しく描画再生されたのはリンカーンの顔などわずかな特徴のみだった。どのような特徴が記憶されやすいか（あるいは記憶されにくいか）、よくわかる実験結果だ。

の）の再生を求めた。その結果、野口英世の肖像画のような、千円札の中心的な特徴は100％近く再生されたものの、記番号や「NIPPON GINKO」の文字のような、周辺的な特徴の正再生率は15％以下であった。

これら2つの研究から示唆されることは、普段から目にする硬貨や紙幣であっても、私たちは金種を区別する（例えば、その紙幣は1万円札か5千円札か）ために必要となる最低限の特徴のみしか覚えていないということである。同じことは、硬貨・紙幣と同じく日常的事物である自動車についての記憶研究からも示されている。

カリフォルニア州立大学のエイミー・ヴィレガスらは自動車の識別精度について検証した。この研究では自動車の識別に必要となる2つの要素である色（青、赤、黄、オリーブグリーン）と車種（セダン、SUV、ピックアップトラック）を操作した。大学生69人が参加し、スライドで9台の自動車を観察した（1台あたり5秒間）。10分間の暗算課題の後、10台の自動車画像の中から、学習期に観察した自動車の再認が求められた。ターゲットの自動車以外は、色と車種の組み合わせが学習期と異なっていた。結果は、分析対象となった63人のうち、15人（23.8％）しか正しく再認できなかった。また、学習した自動車とは異なるものであるにもかかわらず、それを見たと判断した誤回答を分析したところ、そのうちの11人が、ターゲッ

トと、色は同じであるものの車種が異なる自動車を見たと回答していた。この結果から、記憶に基づいた自動車の識別には、形状的要素の車種よりも色が重要な要素であるとヴィレガスらは述べている。この研究は、日頃見慣れている自動車であっても、車種の違いとなる形状やディテールまでは正確に覚えておらず、色のような、より全体的な情報のみが記憶にとどまっていることを示している。

ヴィレガスらの実験では、自動車の識別に必要となる2つの要素である車種と色を操作して、参加者の記憶を調べたところ、車種よりも色のほうが識別に重要であることが示された。確かに、形状の微妙な違いよりも色の違いのほうがわかりやすく、記憶されやすいのかもしれない。

認知資源には限りがある

　本項目の冒頭で、外部からの情報や認知状態を符号化する際、無駄がないよう符号化されるという効率的符号化仮説を紹介した。この仮説の正しさを裏づけるかのように、日常記憶研究からは、たとえ普段から利用している硬貨・紙幣、また見慣れた車であっても、それらを完全に正しく再現できるほど詳細には記憶していないことが示されている。社会心理学者のスーザン・フィスクとシェリー・テイラーは「認知的倹約家」という概念を提唱している。注意や記憶に利用できる認知資源には限りがあるため、必要以上に消費しないという考え方である。確かに、普段の生活では、硬貨や紙幣の図柄や模様、また自動車のメーカーや車種、年式などが求められる事態はそうあり得ない。少なくとも対象を同定、識別できる程度の最低限必要となる顕著な特徴のみを記憶していれば済むことのほうが多い。認知的倹約家は、私たちの認知スタイルの基調と言える。（大上　渉）

27 ディテールの誘惑

Keywords
選択
体制化
統合
スキーマ

「神は細部に宿る（God is in the details）」という言葉がある。誰の言葉かは諸説あり定かではないが、物事の本質はディテール（細部）にこそ現れるという意味だ。実験心理学を修めた作家のカール・サバーは著書の中で、具体的で詳細な情報は、私たちの意思決定に強い影響を及ぼすことを、著名な認知心理学者エリザベス・ロフタスの研究を引用して述べている。引用された研究は、陪審員裁判において、些細な事柄まで述べた目撃証言は、そのような些細な事柄について述べられていない証言と比べると、陪審員がより有罪と判断しやすいことを明らかにしたものである。例えば、「商品を何点か購入した」という証言よりも、「森永『ダース』のミルク味のチョコレートと伊藤園『お〜いお茶』のペットボトルを購入した」と具体的な商品名まで挙げて証言したほうが、陪審員の意思決定により大きな影響を与えることになる。

本筋から逸れる事柄が記憶に残る

このような「神は細部に宿る」というべき現象は、意思決定ばかりではなく、記憶においても現れる。それは「ディテールの誘惑効果」と呼ばれるものである。ほんの些細な事柄であるにもかかわらず、しっかりと記憶に定着し、いつまでもとどまり続けるという現象である。例えば、専門書のような書籍には、本来のテーマからいくぶん逸れるものの、読者の興味関心を引き、また知的好奇心をくすぐる雑学的知見やサイドストーリーなどが紹介され

ていることがある。理解し、覚えるべき事柄についてはよく覚えていないものの、興味深い雑学的知見は、いつまでも印象に残り記憶されることがある。これをディテールの誘惑効果という。

カリフォルニア大学サンタバーバラ校のシャノン・ハープとリチャード・メイヤーは、高校の物理学の教科書を用いてディテールの誘惑効果を検討した。記銘材料として用いられたのは雷発生のメカニズムを説明した記述である。また誘惑的ディテールにしたのは、雷発生のメカニズムの理解にはあまり役には立たないものの、雷に関連する興味深い知見であり、例えば「地面に落雷すると、強烈な熱により稲妻の形に砂が溶け、雷の化石とも呼ばれる閃電岩が形成される」「落雷によってアメリカでは毎年およそ150人が亡くなる」といった事柄である。

雷の化石

雷の化石とも言われる閃電岩。地面への落雷による強烈な熱で砂が溶け、それが冷えて固まってできる。非常に珍しく、発見された地域の過去の気候を調べる手がかりとなるため、学術的価値も高い。……あなたは、この印象深い物体のエピソードと本項目の内容そのものと、どちらを記憶することになるだろうか？

ハープらによると、教科書や専門書などの内容を理解するには、3つのプロセス、①選択、②体制化、③統合を経るという。まず選択は、重要な情報に注意を向けることである。体制化は、注意を向けた複数の情報間に因果関係のようなつながりを見出すことである。統合は、教科書から得られた新たな知見を、すでに獲得している知識と統合することである。これらのプロセスのどこにディテールの誘惑効果が最も関わるのかを明らかにすることが彼らの目的であった。このために4つの実験が行われた。

例えば、実験1では、選択のプロセス、すなわち視覚的注意のプロセスに注目し、読者の注意を引きやすいように、雷発生のメカニズムを説明する記述をイタリック体や太字にし、視覚的に強調しても、ディテールの誘惑効果が発生するか否かが検討された。誘惑的ディテールの有無と、視覚的強調の有無を組み合わせ、合計4種類のテキストが作成され、テキストの再生成績と理解度が比較された。その結果、雷発生メカニズムのテキストを視覚的に強調したとしても、再生成績および理解度のどちらにも影響はなく、誘惑的ディテールの有無のみが影響を及ぼしていたことが示された。つまり、読者は誘惑的ディテールの興味深い内容に引きつけられているのであって、雷発生のメカニズムに関する記述を視覚的に強調したとしても、記憶には定着しにくいことが示唆される。

また、実験4では、ディテールの誘惑効果が統合のプロセスに影響を及ぼしている可能性が検証された。誘惑的ディテールを読むことで、それに関連するスキーマが活性化されてしまい、雷発生メカニズムの理解を妨げてしまうことが考えられる。そこで、誘惑的ディテールの提示位置が操作され、テキストの冒頭、末尾、あるいはテキスト全体に分散して提示された。もし、誘惑的ディテールによって、雷発生メカニズムの理解とは無関係なスキーマが活性化されるのであれば、冒頭に誘惑的ディテールがあるほうが、

ハープらの実験4では、誘惑的ディテールの位置を操作することでその効果が検証された。結果は、誘惑的ディテールがテキストの冒頭にある場合に、テキストの再生数や理解度（問題の正答数）の成績が低くなった。いったん誘惑に乗ってしまうと、それ以降、もう他のことが頭に入らなくなるのだ。

末尾にある場合よりも、テキストの再生や理解度の成績が低下することが考えられる。実験の結果、予測した通り、テキスト冒頭に誘惑的ディテールが提示されると、末尾に提示された場合と比べ、テキストの再生も理解度もともに成績が低かった。また同じく、誘惑的ディテールそのものについても、末尾より冒頭に提示されたほうが、よく記憶された。

これらの実験から、ハープらは、ディテールの誘惑効果は、統合プロセスに大きく影響していると述べている。つまり、誘惑的ディテールによって、それに関連が深いスキーマが活性化される。その結果、誘惑的ディテールを中心とした体制化がなされてしまうため、肝心の教科書の内容については記憶も理解も十分になされないまま、ディテールの誘惑効果だけが生じることになる。

博覧強記のマニアの知識形成

ディテールの誘惑効果は、雑学のような幅広い知識の形成にも大きく影響していると考えられる。世の中には、さまざまな分野にマニアやオタクと呼ばれる人々がいる。彼らは、自らが興味関心を抱く対象について、膨大な知識量を誇る。興味対象について深く掘り下げるだけではなく、横のつながりにも目を向け追い求める。例えば、刀や戦艦を擬人化したゲームやアニメが好きなのであれば、そのルーツとなった個々の日本刀や戦艦そのものにも理解を深める。掘り下げて得た知識が縦糸となり、また関連した事柄に関する知識が横糸となって織りなされ、専門的な知識として統合される。さらにその専門的な知識は、新たに知り得た関連する知識を体制化するためのスキーマとしても機能する。つまり、マニアやオタクの知識量は、「好きだから」という情熱や熱量、また情報に接触する頻度ばかりでなく、専門的知識が積み重なり、新たな知識を巻き込み、さらにふくらんで定着した結果であるとも考えられる。

（大上　渉）

28

衝撃的な瞬間をプリントする

Keywords
フラッシュバルブ記憶
自伝的記憶
ナウ・プリント仮説
社会的アイデンティティ

フラッシュバルブ記憶（FBM）とは、衝撃的なニュースを聞いたときの状況についての自伝的記憶である。例えば、アメリカの同時多発テロ事件（2001年）のニュースを、どこで何をしているときに、誰から聞いたかについて、自信を持って答えられる人は多いだろう。報告される内容として、出来事についての知らせをどこで聞いたか、誰から聞いたか、そのとき何をしていたか、そのあと何をしたか、そのときの感情などが多い。これらについての鮮明な記憶を長期間にわたって保持しているというのがFBMの特徴である。

FBMを生じさせるのは予期しなかったような重大な出来事で、ジョン・F・ケネディ大統領の暗殺事件（1963年）やスペースシャトル・チャレンジャー号の爆発事故（1986年）、イギリスの首相マーガレット・サッチャーの辞任（1990年）、マイケル・ジャクソンの死（2009年）などが研究対象とされてきた。出来事自体についての記憶（発生の日時や場所など）や出来事に直接巻き込まれた人（事故や災害の被害者など）の記憶をFBMとして扱った研究もあるが、そもそもFBMは出来事のニュースを受け取ったときの状況についての記憶を指す用語である。

FBMは特殊なメカニズムによるのか

1977年にロジャー・ブラウンとジェームズ・クーリックがFBMについての特殊な記憶メカニズムを提唱して以来、彼らの主張を検証する多くの研究が行われた。しかし近年では、特殊メカニズム説はおおかた否定されている。ブラウンとクーリッ

クの主張では、意外性と重大性の高い出来事が発生したという情報を受け取ることは、生物学的に重要であるため、そのときの脳内の活動をすべて永久的に記録する特殊な神経メカニズムが自動的に発動する。このため私たちは、まるでその瞬間をプリントしたかのような鮮明なFBMを持ち続けるという。しかし初期の研究では、実験参加者が報告するFBMが正確であるかどうかの客観的評価がなされていないものも多い。そこで後のFBM研究では、出来事の直後の報告と、それから一定期間を置いた後の報告の一致性をもってFBMの正確性に代わるものとしている。例えば、チャレンジャー号の爆発事故に関しては、事故の3日後と9か月後の報告に高い一致性を見出した研究もあれば、事故の直後（24時間以内）と2年半後の一致性がほとんどないことを示した研究もある。

写真は2009年6月、マイケル・ジャクソンの死が報じられた翌日のハリウッド・ウォーク・オブ・フェームのマイケルのネームプレートの様子。ブラウンとクーリックによると、衝撃的なニュースを聞いたとき、どこで何をしていたか、誰から聞いたかなどが瞬間的に記録される（ナウ・プリント仮説）。

とはいえ、多くの研究が一致性は時間の経過とともに低くなること、つまり記憶の忘却が起こることを明らかにしており、FBMは通常の記憶と同様のメカニズムで説明可能であると考えられている。ただし、日常的な記憶とは異なり、FBMは何年経っても鮮やかなままの記憶が確信を持って報告されるという特徴がある。

ポジティブな出来事のFBM

FBMの研究対象とされる出来事は、事故や災害、テロ、政治家の暗殺、有名人の死などネガティブなものに偏っている。FBM形成の主な決め手は、予想もしていなかったような重大な出来事が突然発生するという点

である。このような性質を持つポジティブな出来事はまれである。社会全体に関わる公共的な出来事で、研究に取り上げられたポジティブな出来事には、ベルリンの壁の崩壊（1989年）やオサマ・ビン・ラディンの死（2011年）などがある。これらに個人的な出来事（妊娠の判明や大学の合格通知など）を加え、感情価（ポジティブ vs. ネガティブ）によってFBMに違いが見られるかどうかを調べた研究が、わずかではあるが行われている。

　例えば、湾岸戦争の勃発（1991年）をネガティブ、大学の合格通知をポジティブとした研究や、ビン・ラディンの死をポジティブ、マイケル・ジャクソンの死をネガティブとした研究では、どちらにおいてもニュースを聞いた状況についての記憶スコアに感情価による差はなかった。また別の研究では、ビン・ラディンの死は日常的な出来事よりも意外性や重大性が高く評価されたにもかかわらず、日常的な出来事と同様に、時間の経過とともに一致性スコアは減衰していた。さらに、鮮明さや確信度が日常的な記憶よりも高いというFBM特有の現象も見られなかったため、予期せぬような重大な出来事であっても、ポジティブな出来事に対してFBMは形成されないことが示唆された。

FBMを形成する要因

　FBM形成に関するモデルはいくつか提唱されている。何を要因として想定するのかは研究によって異なるが、新奇性、意外性、重大性、感情、リハーサルなどはおよそ共通している。

　構造方程式モデリングという統計的手法では、そのような複数の要因同士の因果関係も含めてFBM形成の決定要因を明らかにすることができる。この方法を用いて最初にモデルを示したのは、サッチャー辞任の2週間後と11か月後に大規模な調査を行ったマーティン・コンウェイらである。彼らのモデルでは、先行する知識や感情、重大性、リハーサルなどが要因として想定された。一致性スコアと各要因の分析から、出来事に対して高い関心や知識があることがFBMの形成に重要であることが

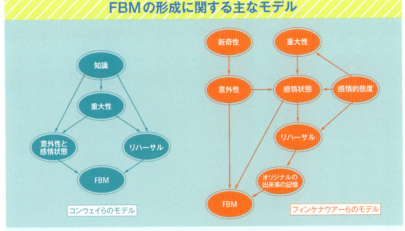

FBMの形成に関する主なモデル

コンウェイらのモデル（左）では、出来事に対する高い関心や知識によって、出来事が既存の記憶構造に取り入れられやすくなる。その後、出来事の重大性が評価され、重大性が高ければ、それは感情状態やリハーサルに影響し、これらが直接的にFBMの形成に貢献する。フィンケナウアーらのモデル（右）では、新奇性の評価が意外性の反応を引き起こし、その反応がFBMの形成につながる。重大性の評価と感情的態度と同じく、意外性は感情状態を決定する。その感情状態はリハーサルの引き金になり、リハーサルがオリジナルの出来事の記憶痕跡を強める。そしてそれが最終的にFBMを決定する。

強調された。また、カトリン・フィンケナウアーらは、1993年のベルギー国王死去のニュースについて7、8か月後に行った調査の結果から、感情の役割を重視したモデルを提案している。しかし、出来事の性質や個人の認知的要因の影響がさまざまであるため、モデルの一般化はなかなか難しい。最近では、社会的なアイデンティティの役割、つまり、個人の社会的アイデンティティに関係すると評価された出来事に対してFBMが形成されやすくなることを示した研究も増えてきている。例えば、コンウェイらの研究では、サッチャーの辞任について、8割以上のイギリス国民はFBMを形成したが、国民でない実験参加者は3割ほどしかFBMを示さなかった。

　実際に起こった出来事を対象とするため、変数の統制などが難しく、一致した見解を持つことに至りにくいという側面はあるが、ある種の出来事に対して私たちは確かにFBMと呼ばれるような体験をすることが多く、興味が尽きない記憶のテーマの1つであると言える。　　（内野八潮）

衝撃的な瞬間をプリントする

29 目撃証言の光と影

Keywords
スキーマ
認知面接
符号化特殊性原理
ネットワーク理論

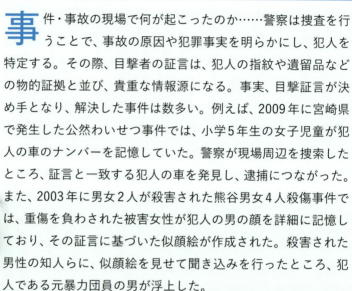

事件・事故の現場で何が起こったのか……警察は捜査を行うことで、事故の原因や犯罪事実を明らかにし、犯人を特定する。その際、目撃者の証言は、犯人の指紋や遺留品などの物的証拠と並び、貴重な情報源になる。事実、目撃証言が決め手となり、解決した事件は数多い。例えば、2009年に宮崎県で発生した公然わいせつ事件では、小学5年生の女子児童が犯人の車のナンバーを記憶していた。警察が現場周辺を捜索したところ、証言と一致する犯人の車を発見し、逮捕につながった。また、2003年に男女2人が殺害された熊谷男女4人殺傷事件では、重傷を負わされた被害女性が犯人の男の顔を詳細に記憶しており、その証言に基づいた似顔絵が作成された。殺害された男性の知人らに、似顔絵を見せて聞き込みを行ったところ、犯人である元暴力団員の男が浮上した。

記憶の性質と冤罪事件

こうした目撃証言の有効性を示す事例がいくつもある一方、誤った目撃証言によって悲劇的な冤罪事件を招いた事例もある。1967年に発生した布川事件（強盗殺人事件）では、2人の男性が逮捕され、その後の裁判の結果、2人は無期懲役が確定した。しかし、物証は乏しく、有力な証拠は、取調べ時の自白と犯行時間帯に被害者宅前で2人を見たとする目撃証言に限られていた。こうしたこともあり、2009年に再審が開始され、事件から44年ぶりの2011年5月に無罪が確定した。当初、有力な証拠とされていた目

撃証言については、事件から半年経過したものであり、また証言のたびに内容が変転していることを踏まえて「信用性に欠ける」と判断された。

なぜこのようなことが生じるのかを理解するには、私たちの記憶の性質を知る必要がある。

正確に記憶されるか否かの要因の1つは、記銘対象の複雑さである。例えば、正円や正三角形など整い安定した図形や「日本の首都は東京である」といった常識的で単純明快な事柄であれば、間違いもなく記憶されやすい。しかし、現実世界に存在する事物や出来事は、不規則で、複雑かつ曖昧なものばかりである。それらの記憶は正確さが失われて、誤りが多く含まれやすい。その理由は、私たちは知覚した対象を、過去に学習したスキーマの参照によって理解・解釈し、記憶として定着させているからである（➡ 2 3）。「日本の首都は東京である」といった事柄はスキーマと一致し、間違うことなく記憶されやすい。しかし、事件・事故は新奇なものであり、情報も断片的で、曖昧なことが多く、スキーマの参照だけでは完全にはとらえられない。このとき、スキーマと整合するよう情報に変容が起きたり、省略や欠落が生じたりする。また、事実とは異なる別の情報によって補填されることもあり得る。

心理学的知見を取り入れた捜査面接

その一方で、記憶に備わる別の性質を利用して、事情聴取の方法を工夫することで、目撃者が思い出したい特定の記憶にアクセスすることが促され、思い込みやバイアスを抑制できることも明らかになってきた。こうした工夫を集約し、誰にでも行えるよう構造化した事情聴取法が認知面接である。

認知面接では、以下の4つの事情聴取テクニックを用いることが推奨されている。①文脈の心的再現（心の中

認知面接

認知面接の事情聴取テクニック
① 文脈の心的再現
② すべてを報告してもらう教示
③ 異なる順序での想起
④ 視点を変えた事件描写

認知面接には、心理学の知見がぎっしりと詰まっている。その土台となるのは符号化特殊性原理とネットワーク理論だ。

で目撃状況をイメージ)、②すべてを報告してもらう教示(どんな些細な事柄でも報告するよう念押し)、③異なる順序での想起(出来事の時系列順序を入れ替えて想起)、④視点を変えた事件描写(目撃者としての視点ばかりでなく、犯人からの視点などで改めて語らせる)である。

認知面接の土台になっている理論は、符号化特殊性原理とネットワーク理論である。符号化特殊性原理とは、ある情報の検索時に、その情報を符号化した際の心身状態や周囲の状況と一致させることで、その情報へのアクセシビリティが高まり、検索が成功しやすくなるという理論である(→ 2 2)。したがって、事情聴取時に、目撃時の心身状態や具体的状況にできる限り近づけることで、的確な情報が想起される可能性が高まる。また、後者のネットワーク理論とは、記憶内の情報は、視覚的、意味的、音韻的などさまざまな形態で符号化されるとともに、関連性の高い情報とリンクされて保持されているとする理論である。したがって、目撃者に、出来事について犯人や被害者などの視点でも語らせることで、ネットワークの複数の経路が利用されることになり、新たな情報が想起される可能性が高まると考えられている。

司法・犯罪心理学者のエドワード・ガイゼルマンとロナルド・フィッシャーは、認知面接の効果を調べるために次の実験を行った。実験参加者は51人の一般市民であり、彼らに約4分間の暴力的映像を提示し、48時間後にその映像の内容について報告を求めた。その際、実際の警察官

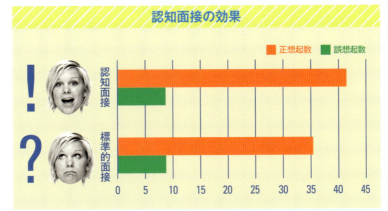

ガイゼルマンらの実験によれば、認知面接は標準的面接よりも誤回答を増やすことなく正確な情報を17％以上も多く引き出すことができた。

が参加し、認知面接もしくは彼らが普段使用している標準的な面接によって映像の内容を聴取した。その結果、認知面接で聴取すると、標準的な面接での聴取と比べ、誤回答（例えば、犯人の髪の色についての誤りなど）や作話的回答（例えば、犯人の顔は写っていないにもかかわらず、その顔について述べるなど）が増えることなく、17％以上も多くの正確な情報が得られた。

　英米などでは、認知面接に代表されるように、心理学的知見を取り入れた捜査面接が開発され、実際の捜査で利用されている。これに対し、わが国では犯罪・非行の対策に、警察、学校、児童福祉などの実務家が、科学的知見を参照することはあまりなかったと静岡県立大学の津富宏は指摘している。取調べのような捜査面接に関する技術についても、心理学的知見を実践に応用するよりは、先輩・上司の教えを受けるなど、先人の経験を重視する形で発展してきたと四国大学の高村茂は述べている。しかし、近年、警察庁では取調べ技術の高度化に取り組んでおり、その成果が「取調べ（基礎編）」という教本として公表された。認知面接を参考にした記憶想起方法なども盛り込まれており、今後、日本でも科学的取調べが普及することになるだろう。

（大上　渉）

30

子どもは見たままを覚えられるのか

Keywords
認知発達
モスキート音
直観像記憶
作業記憶

赤ちゃんは生まれてからの日々を過ごすうちに、いつの間にか少しずつ、新しいことができるようになっていく。はいはいをしたり、歩いたりするような身体的な能力に加えて、知的能力についても年齢を重ねて大人に近づいていく。どうやって話すかを言葉で教わることなしに、いつの間にか話せるようになる。このようなことを人工的な科学技術で再現することは不可能であり、世界最高速のスーパーコンピュータや最先端の人工知能にさえ、このような能力はない。子どもが新しいことができるようになる様子は、生命と生物の仕組みの不思議さを感じさせる。

ピアジェの発達段階説

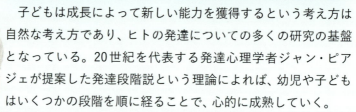

子どもは成長によって新しい能力を獲得するという考え方は自然な考え方であり、ヒトの発達についての多くの研究の基盤となっている。20世紀を代表する発達心理学者ジャン・ピアジェが提案した発達段階説という理論によれば、幼児や子どもはいくつかの段階を順に経ることで、心的に成熟していく。

最初に発達するのは、感覚運動的知能と呼ばれる、外界からの刺激に対して即座に反応する能力である（0〜2歳）。そして言葉を使い、画像や単語によって対象を表現できるようになるのは、その次の前操作の時期という段階である（2〜7歳）。この段階では、外界からの刺激に対して即座には反応せず、いったん内的な表象として保持しておくシンボル機能が発達する。3番目の具体的操作の時期になると、対象物や出来事を論理的に

思考することが可能になる（7〜11歳）。さらに、その次の4番目の段階は形式的操作の時期であり、抽象的な命題を論理的に思考し、仮説を立てて、系統的に検証することができるようになる（11〜15歳）。

このようなピアジェの認知発達の理論は育児や教育などの現実的場面にも適用され、現代の発達心理学の土台となっている。

子どもの音の知覚

ピアジェの理論の背景には、子どもは劣った大人ではなく、それぞれの段階に応じた独特な存在であるという洞察がある。実際に、子どもの能力は大人の能力を常に下回るという考え方は単純な誤りである。

身近な例としては、子どもにしか聞こえない音がある。いわゆるモスキート音と呼ばれる音は、非常に高い周波数の音波で、およそ1万6千ヘルツ程度の人工的に作り出された音波である。モスキート音は日常の場面でも体験できる。JR博多駅の新幹線乗り場に近い2階の広場に、モスキート音が聞こえるという噂のエリアがあった。筆者は34歳のときに行ってみたが、何も聞こえなかった。同行した知人（当時34歳と22歳）によれば、「チッチッチッ……」という不快な、耳に突き刺さるような感じの音が聞こえたそうだ。歳を重ねると、モスキート音に限らず、高い周波数の音は聞こえにくくなる。

さらに聴覚では、母語の聞き取りについて、養育者の母語ではない発音を乳児は聞き分けられることを示すワシントン大学のパトリシア・クールらの研究もある。月齢6〜8か月の乳児は、養育者の母語にかかわらず「la」と「ra」を同程度聞き分ける能力がある。それに対し、10〜12か月の乳幼児では、アメリカの乳幼児はこの違いを聞き分ける能力が向上するが日本の乳幼児は低下することを報告している。子どもは成長に伴って、母語を聞き分けることに習熟していき、身の回りの大人たちに近づいていく。

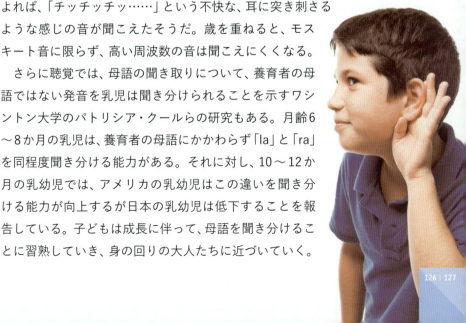

子どもの映像の知覚

モスキート音の知覚や発音の聞き取りは聴覚に関わる現象である。同様の現象は視覚にも存在する。

京都大学の井上紗奈と松沢哲郎が2007年に発表した子どものチンパンジーを対象とした実験がある。この実験で用いられたのは、一度に同時に提示される数字の場所を覚えるという視覚の課題である。コンピュータのタッチスクリーンの画面に、1から9までの数字が同時に1秒以下の短時間、表示される。数字が現れる場所はランダムで、あらかじめどこに何が出るかはわからない。数字が出た後、その位置はすべて同一の正方形に置き換えられる。この実験の課題は、数字が出た位置を、小さい数字から順に触れていくというものだ。正しい順序で触れることができればご褒美が与えられ、間違った場合には与えられない。その後、数字が前とは異なる位置に表示され、その位置を答えるという課題を繰り返し行う。これは認知心理学では視覚的短期記憶または視覚的作業記憶(ワーキングメモリ)という心的能力を測定する課題として広く知られている。この研究では、アユム(当時7歳)を含むチンパンジーの子ども3匹が課題を行い、成績はアユムの母である

チンパンジーの優れた記憶能力

上の図を見てほしい。タッチスクリーンの画面に1秒以下というごく短時間だけ、1から9までの数字が同時に提示される。その直後に、下の図のように数字が白い四角に置き換えられる。数字の小さい順に触れていけば正答となる。あなたはクリアできるだろうか? 井上らの実験では、チンパンジーの子どもに、チンパンジーの大人も人間の大人も誰もかなわなかった。

乳児の独特の知覚能力

 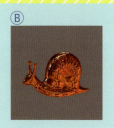 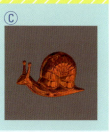

Yang et al. (2015)

楊らの実験で用いられた画像。AとBはハイライトの位置が異なるのだが、おわかりだろうか。月齢3～4か月の乳児はこれに気づく。しかし、質感の異なるBとCの違いには気づきにくいという。

アイ（当時30歳）を含む大人のチンパンジー3匹よりも高く、さらには9人の大学生よりも高いものであった。子どものチンパンジーは、一瞬見たものを、そのまま素早く覚えている可能性があるということだ。

　人間の子どもも似たような能力を持つことを示唆する研究がある。中央大学の楊嘉楽らの研究では、光沢感のある3次元的な物体をコンピュータ・グラフィクスによって作成した画像が用いられた。画像には加工がしてあり、同一の立体形状ではあるが照明の当たり方によって作られるハイライトの位置が変わる物体、またはハイライトが消えて同一の3次元形状の質感が変化するように見える物体の画像であった。このような画像を左右に並べ、片方にのみ画像の変化がある状況を設定し、乳児がどちらの物体を注視するかを調べた。42人の乳児を対象として注視時間を測定したところ、月齢3～4か月の乳児は、大人では気づきにくいハイライトの違いを持つ対象を注視する傾向があることがわかった。このような結果はそれより大きな月齢の乳児では見られず、乳幼児期の早い段階で見られる興味深い現象である。

　井上らの研究も楊らの研究も、私たちは視覚映像をありのままに近い形で短時間記憶保持する仕組みが幼少期には備わっていることを示唆している。おそらく、これは大人が持つ能力を獲得するための準備段階、または「伸びしろ」として、子どもだけに備わっている能力なのだろう。

（光藤宏行）

子どもは見たままを覚えられるのか

テトリスで何が良くなる？

Keywords
PTSD
フラッシュバック
弱視
心的回転
視空間的
ワーキングメモリ

テトリスというコンピュータゲームは、さまざまな形のブロックを積み上げて、隙間なく埋めると得点が増えていくという、極めて単純なものだ。このゲームを開発したのは、旧ソビエト連邦のコンピュータ技術者アレクセイ・パジトノフである。はまったことがある人も多いだろう。このテトリスが記憶や知覚の改善に役立つという興味深い報告がある。

PTSDから回復する

私たちは身の回りの環境に合わせて学習し、新しい環境に適応する。新たなことを記憶し、学習できるというのが私たちの心的能力の特徴である。しかし、さまざまな経験を重ねていく中で、つらい出来事、望ましくない結果、ストレスなどにより、心的に困難な状態に陥ってしまうこともある。

つらい経験の一例として、トラウマ的な記憶が挙げられる。大切な人を失ったり、暴力的なことに遭遇したりして、思い出したくない記憶が意図せずに蘇り、日常の生活に支障が出てしまうことがある。いわゆる心的外傷後ストレス障害（PTSD）である。

イギリスの著名なギタリストで

喪失体験からの復活

JStone / Shutterstock.com

エリック・クラプトンは、不慮の事故で息子を失った後、医師の勧めで1週間ほどテトリスをしていたという。実際、テトリスを行うことがPTSDの回復につながることを示した研究がある。写真は2013年4月、ニューヨークのマディソン・スクエア・ガーデンで演奏するクラプトン。

あるエリック・クラプトンは、1991年に4歳の息子を不慮の事故で失ってしまった。彼の当時のインタビュー記事によれば、医師の勧めにより、息子を失って1週間ぐらいはずっとテトリスをしていたと述べている（それより前から任天堂の携帯型ゲーム機「ゲームボーイ」にはまっていたというインタビューもある）。クラプトンは復活し、その後も現在に至るまで音楽活動を続けている。

　クラプトンの例は、痛ましいPTSDから立ち直った例であると見なせるだろう。テトリスをしたことは、彼の回復にとってどの程度意味があったのだろうか。2010年になって、テトリスを行うことがPTSDの改善に役立つかどうかが実験によって検討されている。オックスフォード大学のエミリー・ホームズらは、健常な人を実験参加者として、軽度のトラウマ的な記憶を生じさせる状況を設定し、その記憶の定着を阻害するのに何が有用かを検討した。この研究では、トラウマ的記憶を生じさせ得るビデオを10～20分間観察した後、30分後または4時間後にテトリ

トラウマ的記憶の忘却に何が有効か

ホームズらの研究では、実験参加者にトラウマ的な記憶を生じさせ得るビデオを見せた後、テトリスか言語的クイズのいずれかをしてもらった。すると、何もしない比較条件に比べ、テトリスを行った参加者はフラッシュバックの数が少なく、逆に、言語的クイズを行った参加者は多くなる傾向が見られた。

スを10分間行った。比較条件では、別の実験参加者が、同じビデオを観察した後、特別な課題をしないか、またはテトリスの代わりに言語的なクイズを行った。その後、7日間にわたって、ビデオ映像に関する不随意的な視覚的心的イメージ（フラッシュバック）が生じたかを調べた。その結果、テトリスを行った実験参加者は、10分間に何もしなかった参加者よりフラッシュバックの数が少なかった。言語的クイズを行った参加者は反対に、何もしなかった参加者よりフラッシュバックが多くなる傾向が見られた。テトリスを行ったことによって、トラウマ的な記憶が忘却されたということである。

視力が改善する

テトリスは、記憶だけでなく知覚の分野でも研究で利用されることがある。弱視では、片眼の視力が大きく低下していることが多い。マギル大学のロバート・ヘスらは、弱視となる背景には両眼の位置の調整が不完全であるという原因があると仮説を立てた。そこで弱視を改善するためのトレーニングとして、落ちてくるブロックを、訓練する眼のみから見えるようにした特別なテトリスを開発した。これをある程度の時間行うことで、弱視の改善に一定の効果があったことを報告している。

なぜテトリスはこのような効果を持ち得るのだろうか。テトリスを認知心理学的な課題として考えると、高得点を出すためには、あらかじめブロックを心の中で回転させ、どこに置くべきかを素早く判断するということが求められる。このような判断は、主に視空間的ワーキングメモリ（作業記憶）を用いて行っていると考えられる。視空間的ワーキングメモリを用いているときは、つらい出来事を連想させる視覚的な光景を心的に再生することを抑制しているのか

テトリスが心に効く仕組み

テトリスに没頭しているとき、心の中では目まぐるしくブロックを回転させ、どこに置くべきか瞬時に判断しているだろう。このとき、主に視空間的ワーキングメモリが働いている。この働きが、トラウマ的な記憶が呼び出されるのを妨げていると考えられる。

もしれない。ワーキングメモリに記憶を呼び出さないことは、長期記憶への定着を阻害する効果があると考えられる。実際に、キングス・カレッジ・ロンドンのアレックス・ローチューらの研究によれば、テトリスのスコアが高い人は視空間的ワーキングメモリ課題の成績が高い。

ヘスらの研究では、片眼からしか見えないブロックをもう片方の眼からも見える他のブロックの上にうまく積むことが必要となる。そのためには、両眼の眼球位置を正しく保ちながら眼を動かす訓練が重要で、さらには両方の眼からの見えをうまく統合（両眼融合➡05）するということに役立っているのだろう。

これらの研究の最終ゴールは大きく異なるが、テトリスというはまりやすいゲームの価値を最大限に活かした、人の生活の改善に役立つ重要な研究である。

（光藤宏行）

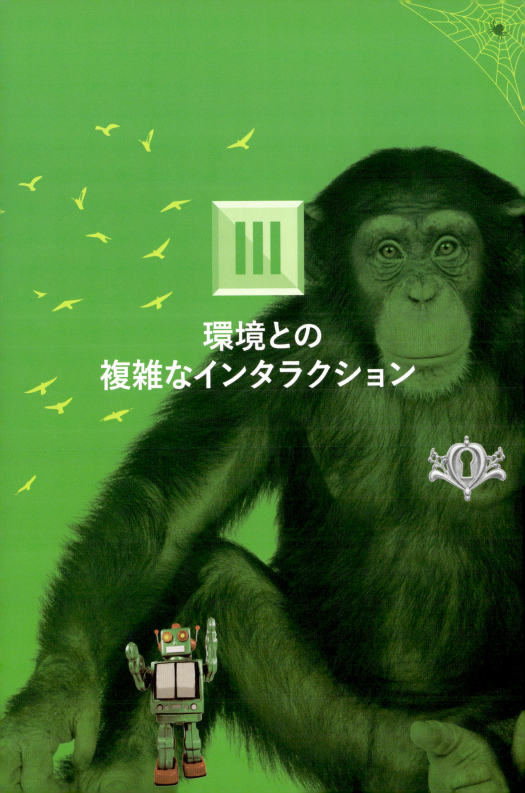

III

環境との複雑なインタラクション

なぜ赤ちゃんは勉強せずに言語を習得できるのか

Keywords
生成文法理論
臨界期
オペラント条件づけ

海外に旅行に行くときに、「向こうで生活する人たちには日本語が通じないけれど、きちんと会話できるだろうか」と不安になった経験はないだろうか。また、高校や大学で英語を勉強していて、「英語を話す国に生まれていたら、英語が得意になれたのに……」と思ったことはないだろうか。ここで考えてみてほしいのは、日本語を勉強している外国人もまた、普段の生活の中で、流暢に日本語を話している私たちに対して、同じ思いを抱いているということである。私たちは、生まれてから小学校に入学するまでの間、専門的な日本語の訓練を受けていない。それにもかかわらず、物心ついたときには、日本語を読んだり、書いたりすることができている。同時に、家族や友達と自然な会話ができていたはずである。

生まれつき備わっている能力

　言語を習得する過程にはいくつかの段階があるとされる。生後9か月ほどで、ある対象についての情報を他者と共有しながら関わることができるようになる。これを三項関係と呼び、「自己」と「他者」と「モノ」の3者間の関係を指す。例えば、赤ん坊は「自己」と「他者」である母親に加えて、さらに「モノ」であるぬいぐるみを加えたコミュニケーションが可能となる。このことは、赤ん坊が遠くにあるぬいぐるみを指さして母親に伝えるという行動からも明らかである。やがて、そのような三項関係のやりとりを通じて、音声が記号化され、1歳になる頃には有意味語の産出が可能となっていく。その後、1歳半ば頃には言語

の文法化が始まり、1語表現から2語文、3語文といった連語表現が可能となる。そして、2歳半ば頃には急激な文法の獲得が見られ、3〜4歳では文を上手に話せるようになる。そのすぐ後には、自分が体験したことを他者に話すような言語能力も身につく。

　言語習得の仕組みについては、言語心理学の分野で実験と観察、調査などによって研究が行われている。この分野に大きな影響を与えたのが、アメリカの言語学者であり認知科学者でもあるノーム・チョムスキーである。チョムスキーは、人間がどのように言語の能力や知識を習得するのかについて、重要な仮説として生成文法理論（➡ 3 4 ）を提唱した。生成文法理論では、すべての言語の初期形態としての普遍文法と呼ばれるものを、生物学的な言語能力の基盤として私たちが備えていると仮定している。普遍文法とは、簡単に言えば、私たちが生まれつき持っている言語に関する知識やルールのことである。

　これらのことをまとめると、生成文法理論とは、日本語であろうが、英語であろうが、私たちがどんな言語であっても非常に短い時間で母語の言語体系を習得できるのは、その後の学習経験によらない普遍文法を生まれつき持っているからである、という考え方である。

生物学的・神経学的な基礎

　この生成文法理論に従えば、私たちは外国語、例えば英語を一切勉強しなくても、外国で生活をして英語に触れてさえいれば、英語を習得できるということになるのだろうか。答えは「No」である。言語心理学では、言語の習得は生物学的・神経学的な基礎を持つことが知られている。そして、言語の習得には、脳内にそのための神経回路がつくられることが必要であると考えられている。言語の習得に必要な神経回路は、形成可能な時期が決まっており、これを臨界期と呼ぶ。神経学者のエリック・レネバーグは、脳の発達と関連づけて、言語の習得の臨界期は10歳から12歳前後までであると主張している。人間の脳は、思春期の頃には、右

脳の側性化

左半球
・言語
・理論
・分析
・技術

右半球
・空間認識
・抽象
・総合
・芸術

人間の脳は、思春期の頃には大脳の右半球と左半球の機能分化が完成し、言語に関わる機能は左半球に固定される。これ以降は、新しい言語の習得は難しくなる。

脳と左脳の機能分化が完成し、言語の処理領域が左脳に固定される（→ 3 4 ）。このように、言語などの特定の機能が左右一方の大脳半球に固定されることを脳の側性化と呼び、脳の側性化によって新しい言語の習得が困難になるとされている。つまり、勉強しなくても日本語のように英語も習得したければ、思春期前後の時期までに、英語にも触れている必要があるということである。

学習経験や言語環境の重要性

　チョムスキーが、言語についての知識やルールを私たちが生まれつき備えていると主張しているのに対し、言語の習得における学習経験の重要性を主張する立場もある。この立場から理論を提唱しているのが、アメリカの心理学者で行動分析学の創始者であるバラス・スキナーである。スキナーは、あらゆる行動の学習を刺激と反応、そして、その反応の生起頻度を高めるような、反応の後に生起する出来事である強化子の3つによって説明するオペラント条件づけ理論を創始したことで知られている。スキナーの立場では、言語の習得もまた、そのような行動の学習についての理論から説明している。すなわち、言語を行動の一種にすぎないと見なして、言語の習得もオペラント条件づけによって強化された行動であると考える。そして、言語行動としての「発話」が重要な意味を持ち、発話を引き起こす原因となった刺激と、発話によって引き起こされた結果によって言語の習得が規定されるとし、言語の習得には発話する「話者」と発話を聴く「聴者」の間の会話状況が前提となると主張した。

言語習得に関わる要因

言語習得のメカニズムには未知の部分も多く、さまざまな研究者が理論を提唱している。おそらくここで挙げた要因のどれか1つでも欠けると言語習得は難しくなるというのが真実だろう。

　一方、アメリカの著名な教育心理学者ジェローム・ブルーナーは、言語の習得における言語環境の重要性を指摘している。すなわち、言語を単に思考の一部としてとらえるのではなく、思考の道具としての作用、社会や文化に参入するための方法としての側面を強調している。ブルーナーによれば、言語の習得は、母子間の相互作用において達成され、赤ん坊が言語を獲得する際に、他者や環境によって早められる。このような相互作用が言語の習得における必要な言語環境となると考えた。

　言語習得のメカニズムについては未知の部分も多いが、ここで概観したように多くの研究者が理論的基盤を導いてきた。今後、言語習得のメカニズムがわかれば、私たちが新たな言語を学ぶときに有益な知見を提供してくれることだろう。

（新岡陽光）

なぜ赤ちゃんは勉強せずに言語を習得できるのか

イルカと話す

Keywords
異種間言語コミュニケーション
単語理解
文章理解
ジェスチャー言語

動物と話をしてみたい、というのは私たち誰もが一度は考えることである。しかし、いくら教え込んでも、犬は「わん」、猫は「にゃー」としか話さず、種を超えた言語的なコミュニケーションはなかなか難しいように思われる。何とかして動物と会話することはできないのだろうか？

単語の習得は可能

　この問題について真剣に取り組んだ初期の研究者たちは、動物が置かれている環境が言語の発達を阻害している可能性があると考えた。彼らは動物を人間の子どもと一緒に、同じように育てれば、彼らもある程度、言語を使用可能になるのではないかと考えたのである。そして、ヘイズ夫妻やケロッグ夫妻などの研究者は、進化的な意味で人間に近いチンパンジーの子どもを使ってそのような実験を行った。しかしながら、これらの研究はうまくいかなかった。ヘイズ夫妻が育てたビキというチンパンジーは6年間かけてもパパ、ママ、アップ、カップの4つの単語しか習得できなかった。これらの実験では、チンパンジーが人間のようになるというよりも、チンパンジーと一緒に育てられた彼らの子どもたちがチンパンジーのように振る舞うことが多くなったなどの笑えない副作用も見られた。これらの研究がうまくいかなかった原因の1つは、チンパンジーの発声器官にあった。人間の場合には舌の付け根から声帯までの喉頭部の距離が長い。喉頭部の距離が長いと、多様な母音が出せる。しかし、チンパンジーではこの距離が短く、産出できる母音は限

られていたのである。

　そこで、次に考えられたのは非音声言語を用いて動物とコミュニケーションをとるという方法であった。最初に使われたのは手話である。ガードナー夫妻はウォショウというチンパンジーをやはり自分たちの子どもと一緒に育てるというプロジェクトを行った。ただ、それま

チンパンジーの言語習得

チンパンジーの言語能力については長い研究の歴史がある。彼らはかなりの数の語彙を獲得することができるし、ある程度複雑な文章を理解することもできる。

でと異なっていたのは、家族や周りのスタッフが音声言語でなく、みな手話を使用したという点であった。このプロジェクトで、ウォショウは3年半の間に、名詞、動詞、形容詞など130あまりの語彙（もっと、来て、側に、など）を習得し、それらをつなぎ合わせて、／you／me／go／out／hurry／などの簡単な2語文や3語文を「しゃべった」。また、興味深いことにウォショウは、香水を指すのに「花」という手話を使ったり、傷口を指すのに「へそ」という手話を作ったりして、ある程度の比喩や言語的な創造性を示したという。

　もし複数の単語を適切な順序に並べて発話することができるのが本当であれば、彼らは原始的ではあるが言語的なコミュニケーションを示すことができるということであり、異種間言語コミュニケーションの可能性を開くものと考えられる。しかし、このプロジェクトについてはさまざまな問題点が指摘された。例えば、ウォショウは、実際にはさまざまな単語を単に羅列的に発話しているだけなのに、それが偶然、文章のような語順になったときに、私たちがそこだけを取り上げて「文章を話した」と言っているにすぎないのではないか、といった批判である。

文章の理解も可能

　文を発しているか、あるいは文を理解しているかを確認するためには、同じ単語からなるが語順が異なることによって違う意味をなしている文、例えば、「黄色いブロックを置いて青いペンを持ってこい」と「黄色いペンを置いて青いブロックを持ってこい」に対して異なった反応をさせることが必要である。そこで、その後の研究ではこのような違いをきちんと認識できるのかについての研究が行われることになった。ただし、これらの研究は厳密な手続きを用いることが必要になるため、手話の使用や家族と一緒に育てるということは難しくなる。

　この流れで行われた研究が、デイヴィッド・プレマックによるサラプロジェクト、デュエイン・ランバウによるラナプロジェクト、そして京都大学の松沢哲郎らのグループによって行われたアイプロジェクトなどである。これらのプロジェクトでは、単語を意味するブロックやコンピュータディスプレイ上の図形言語を用いて研究が行われた。その結果、チンパンジーはこれらの単語を語順も含めてある程度扱えるということがわかってきた。例えば、サラは、〈サラ－入れる－リンゴ－バケツ－バナナ－皿〉（リンゴをバケツに、バナナを皿に入れなさい）という主語が省略された重文や、〈サラ－取る－リンゴ－もしそうなら－メアリー－与える－チョコレート－サラ〉（サラがリンゴを取ったら、メアリーはサラにチョコをあげる）という仮定文、〈赤－上に－緑－もしそうなら－サラ－取る－リンゴ〉（赤が緑の上にあれば、サラはリンゴを取りなさい）という条件文を理解することが可能になったという。

初めて聞いた文章にも応答

　チンパンジーと並んで知的な動物の代表としては、何と言ってもイルカであろう。イルカとのコミュニケーションについて積極的に取り組んだのは、ハワイ大学のルイス・ハーマンのグループである。もちろん、イ

Ⅲ 環境との複雑なインタラクション

ハーマンのグループはジェスチャー言語を用いてイルカの言語能力について研究を行った。イルカは3語文を正しく理解できたほか、初めて聞いた文章に対しても適切な応答を示したという。

ルカも直接言語を発声することは困難なので、彼らもジェスチャー言語を用いてイルカとコミュニケーションをすることを試みた。訓練の結果、イルカも3語文を正しく理解できることがわかってきた。例えば、〈輪を－パイプへ－移動させよ〉と〈パイプを－輪へ－移動させよ〉という文章に対して異なった反応をさせることが可能であった。また、非常に興味深いのは、初めて聞いた文章に対しても適切に応答できることがわかったのである。例えば、個々の単語が理解できた状況で、初めて〈右側の－かごに－ボールを－移動させよ〉という指示を与えたところ、これを適切に実施できたということが報告されている。

では、いつの日か彼らと哲学について語り合える日は来るのだろうか。ただ、この問題について多くの研究者は否定的である。チンパンジーもイルカも目の前にあるものや単純な動作は理解することができるが、抽象的な概念について自ら語り始めることは決してないからである。

（越智啓太）

イルカと話す

言葉を読めない人は言葉を話せないのか

Keywords
- 言語的コミュニケーション
- 非言語的コミュニケーション
- ブローカ失語
- ウェルニッケ失語
- 読字障害

言葉を使う目的の1つは、他の人とのコミュニケーション（連絡、通信）である。身近な例として、告白の場面を考えてみよう。次のようなやりとりはよくある。

「あなたのことが好きです。付き合ってください。」

「Σ(゜д゜lll)」

コミュニケーションの機能

コミュニケーションの機能は、情報の伝達、情動の喚起、行動の制御という3つに大きく分けられる。「あなたのことが好きです」という叙述は、自分の内的な思考を他者に伝える、つまり情報の伝達である。それに対して「付き合ってください」というの

告白の場面で起きていること

あなたのことが好きです。付き合ってください。

- 情報の伝達
- 情動の喚起
- 行動の制御

Σ(゜д゜lll)

告白の場面には、コミュニケーションの3つの大きな機能である「情報の伝達」「情動の喚起」「行動の制御」がすべて含まれている。

は、他の人に対する要求である。付き合えばデートに行くとか、頻繁な連絡を期待するなど、相手の行動を変えたい、つまり行動を制御したいという側面がある。情動の喚起というのは、特定の気持ちを呼び起こすということだ。何の前触れもなく突然告白すれば、相手はとても驚く場合も多いだろう。

　上のやりとりの最後に書かれている文字を読むと、「シグマ・カッコ・度・デー・度・エル・エル・エル・カッコ」になる。文字としての意味はないが、図形としてみれば「驚き」の感情、情動は伝わる。このような告白により、良くも悪くも相手の感情を変えたというのは確かなので、やはりコミュニケーションによって他の人の情動的反応を引き起こすことができると考えていいだろう。

　告白は、どのような場面で行うのが効果的だろうか。ここでは対面、電子メール、電話、手紙を取り上げてみよう。大多数の人は「対面」を選ぶ。すべての選択肢に共通するのは、言葉を使っているという点だ。それに加えて対面の場合には、話すときのトーン、表情、身ぶり手ぶりなど、つまりは言葉以外の情報が手がかりとして使える。このような非言語的コミュニケーションは、相手が言葉を使えない場合でも使える。私たちは、言葉を話し始めるのはだいたい2〜4歳である。つまりそれより前は、乳幼児とのやりとりに言語はあまり役に立たない。よって非言語的なコミュニケーションを行う必要がある。赤ちゃんが苦しそうな顔をしていたり泣き声を上げていれば、何を欲しているのかを周りの人は知ることができる。私たちも、身ぶり手ぶりで赤ちゃんに働きかける。例えば「いないいないばあ」がある。それに赤ちゃんは反応し、喜ぶこともある（怖がることもある）。このようなものはすべて非言語的または前言語的コミュニケーションである。

　非言語的コミュニケーションと対になるのが言語的コミュニケーションであり、言葉によってやりとりを行うことだ。言葉によるやりとりで本質的なことを考えてみよう。有名な人の発言や歌として、「話せばわかる」（犬養毅）、「俺の話を聞け」（クレイジーケンバンド）、「言葉では伝える事が

どうしてもできなかった」(GLAY) などがある。こういう心に残るセリフは、私たちが文と呼ぶものである。文とは、単位記号を一定のルールに従って組み合わせて構造化することである。文を理解し、作り出すこと。これは言語学や哲学の重要なテーマでもある。これに関して有名なのは、言語学者のノーム・チョムスキーによる生成文法という理論（➡3 2）であり、文について、表層構造と深層構造という区別を設けている。さらにチョムスキーは、言語における意味と、文の構造化に関わる統語という区別をしている。文法的に正しくても意味がおかしい場合があるということだ。

「かわいい子猫がぐっすりと眠る。」

この文は、文法も意味も問題ない。しかし、次の文はどうだろうか。

「無色の緑色の観念が猛烈に眠る。」

この文は、文法はOKだが意味がわからない。つまり文法と意味というのは別々に考えなくてはならない。

チョムスキーは政治的な発言も多くしている。日曜日の午前中に政治家の討論番組がよくあるが、討論番組での話し方は、けっこう行儀が悪いことも多い（多かった）。人が話しているのをさえぎって話す。感情的に話す。どうしてなのか、子どものときテレビを見ていて不思議だった。これはコミュニケーションの機能のうち、行動の制御という点に注目すれば理解できる。政治家は発言することで、相手の行動を変えたいということだ。単に情報を伝えるだけでは、人の行動は変わらない。

コミュニケーションと脳の関係

とはいえ、日常のコミュニケーションは、うまくいかないことも多い。うまく話せない、しどろもどろになる、対話のときのノリで話しすぎてしまう、勢いや流れで思っていないことまで発言したり約束してしまって、後で後悔する……。このような言語的コミュニケーションのための働きは、脳機能と密接な関わりがある。脳のいくつかの領域が、言語の理解と

表出に関わっている。事故や手術による脳損傷の患者を対象とした研究により、脳の機能と部位の対応関係（機能局在）が少しずつ明らかになっている。

言語に関わる症例で有名なのは、失語症である。これは、以前は正常に話せて

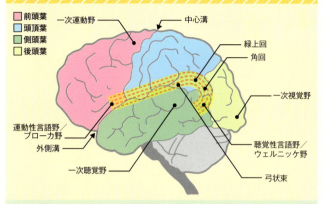

言語に関わる脳領域としてはブローカ野とウェルニッケ野がよく知られているが、大脳皮質の内側にあってこれらをつなぐ神経経路と考えられている弓状束も重要である。

いたのに、脳の損傷によってあるときからうまく話せなくなるというものだ。代表的な失語症は2種類ある。言葉を理解はできるが、なめらかに話すことができないという障害である。これを、19世紀の研究者の名前をもとにブローカ失語という。これと似た失語症に超皮質性運動失語などもある。これは自発的に話そうとするときだけ、言葉をうまく言えなくなるという障害である。おうむ返しの言葉はできるが、「あれは何？」と聞かれたときに答えるのが難しい。

なめらかに話すことはできるが、意味を理解することが困難、また意味のある文を話せないという障害もある。こちらも19世紀の研究者の名前をもとに、ウェルニッケ失語と呼ばれる。これに似た障害に超皮質性感覚失語というものもある。強引に対応づけるならば、しどろもどろに近いのがブローカ失語、ノリで話しすぎてしまうことに近いのがウェルニッケ失語である。他には、言葉を話すことには何の問題もないが、言葉を読むことが非常に困難な読字障害（失読症）を持つ人もいる。このように考えると、言葉を読むことと話すことは、分けて考えたほうがよさそうだ。

（光藤宏行）

35

物語を理解する心の仕組み

Keywords
統語法
意味論的知識
文脈
物語文法
スクリプト理論

　私たちは、小説を読んだときに感動して涙を流したり、大きな声で笑ったりすることがある。日本には『源氏物語』をはじめとして、古来、優れた文学作品があり、物語を通じて、私たちは時間を超えて感情を共有することができる。普段、物語を読んでいて自然とその情景が浮かび、登場人物同士の関係を把握し、共感し、時には腹を立てることがあるのは、私たちが物語を理解することができるからである。物語を理解する上で、どのような心の働きがあるのだろうか。

物語の理解に必要な要素

　物語とは、たくさんの文から構成されている文章の一種である。そのため、文の理解なしには物語を理解することはできない。文章は文の集まりであり、文は単語の集まりであるから、物語は、文章－文－単語という階層構造の上に成り立っていると言える。物語の理解には、1文1文を理解するという側面と、それらの文のまとまりとして文章を理解するという側面の2つが重要である。

　まずは、1文1文を理解するという側面について考えてみよう。私たちは、特定の単語の連なりを見て、それが文であるかそうでないかを瞬時に理解することができる。例えば、

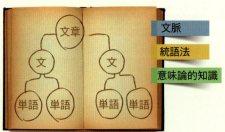

物語の階層構造

物語は文章－文－単語という要素の集まりであり、文が成り立つためには統語法と意味論的知識、文章が成り立つためには文脈を必要とする。

Ⅲ 環境との複雑なインタラクション

次のうち意味をなす文はどれだろうか。

① 太郎が　ケーキを　食べた。
② が太郎　をケーキ　食べた。
③ 太郎が　フォークを　食べた。
④ が太郎　をフォーク　食べた。

答えは①である。おそらく誰もが意味を理解できるだろう。②については、名詞の後ろにくるはずの助詞が名詞の前に来てしまっている。そのため、日本語の文を構成する規則に違反していると判断される。このような文を構成する規則のことを統語法と呼ぶ。③については、統語法において何も問題はない。しかし、フォークは食べ物ではないという知識によって、意味を理解することができず、何かおかしいと感じるだろう。このような文における単語の意味についての知識を意味論的知識と呼ぶ。④については、統語法においても、意味においても間違っており、まったくでたらめな単語列のように見えることだろう。このことから、私たちは、文を構成するための単語の並べ方の規則を知っており、また、文の中で用いられる単語同士の意味的な関係によって文の意味を構築していることがわかる。私たちは、統語法と意味論的知識によって、文を理解しているのである。

では、これらの文の理解からどのように文章としての物語の理解に至るのだろうか。例えば、次の文を見てほしい。

彼女は誕生祝いの小遣いのことを思い出した。彼女はあわてて家に駆け込んだ。

これらの文は統語法においても意味論的にも何の問題もない。しかし、この2文だけを見ても何のことを言っているかはわからないだろう。彼女とは一体誰なのか。なぜ誕生祝いの小遣いのことを思い出したらあ

わてて家に駆け込んだのか。では、次のように、最初に1文を加えてみたらどうだろうか。

　メアリーが遊んでいると、アイスクリーム屋の車の音が聞こえた。彼女は誕生祝いの小遣いのことを思い出した。彼女はあわてて家に駆け込んだ。

　最初に1文が加えられたことで、彼女というのはメアリーのことだとわかり、さらに、小遣いのことを思い出して家に駆け込んだのは、アイスクリームを買うためだとわかる。このように、文章では、前後の文脈が存在しなければ適切に意味を理解することができない文同士が、全体としてまとまることで初めて意味的に関連づけられるようになる。これらのことを踏まえると、物語としての文章の理解とは、文章中に述べられているさまざまな情報を読み、読み手がそれらの情報を関連づけて、すでに持っている知識に統合し、全体として意味的に一貫性のあるイメージを、心の中で表現することに他ならない。

心の中の無数の台本

　文章を理解する仕組みは先に述べた通りであるが、私たちは、すべての文章を物語として認識しているわけではない。例えば、新聞記事を読んで物語だと思う人はいないだろう。では、私たちはどのような条件を持った文章を物語と認識するのだろうか。心理学者のエドワード・ソーンダイクは、この問いに対するヒントとなるような仮説を提唱している。ソーンダイクは、人間が物語を記述するための抽象的な規則を頭の中に持っていると仮定して、それらの規則は①設定、②テーマ、③プロット、④解決という4つの要素から成り立っていると考えた。設定とは、登場人物や出来事が起こる場所や時間を記述した文であり、テーマは、物語の発端となる事件や目標である。プロットは、設定やテーマと関連し

た多くの出来事であり、解決はテーマとしての事件や目標が解決されることである。これらをソーンダイクは物語文法と呼び、物語理解の研究の基本的な考え方となっている。この物語文法に従って、「誰が、いつ、どこで、どのような事件に遭遇し、何をして、どのような結果になったのか」を記述する文章があれば、私たちはその文章を物語と認識すると言える。そして、私たちが物語を理解することができるのは、この物語文法を上手に利用することができるからであると考えられる。

　また、心理学者のロジャー・シャンクとロバート・アベルソンは、物語理解を説明する理論として重要なスクリプト理論を提唱した。スクリプト理論では、人間が新しい状況に対処するときに、過去の経験を蓄積した知識に基づいて行動する、という前提が置かれる。例えば、フランス料理のレストランに入るとどのような出来事がどのような順序で起こるかについて、私たちは、テーブルに案内され、メニューから希望するコースを選び、前菜、スープ、魚料理、口直し、肉料理、デザート、コーヒーと小菓子の順に料理が出てくることを過去の経験から推測することができるだろう。このように、人間の心の中に、特定の状況に応じた台本（スクリプト）が無数に貯蓄されていると考え、物語理解の説明に援用した。すなわち、特定の物語については、既存のスクリプトと照らし合わせたり、自分にとって利用しやすいように書き換えたりして物事を理解すると説明した。

　人間は心の中に物語を持っている。物語を読むことで、心の中のスクリプトは無数に増えていく。物語を読むことは心を豊かにする素晴らしい娯楽と言えるのだ。

（新岡陽光）

心を豊かにする物語

私たちの心の中には、特定の状況に応じた台本（スクリプト）が無数に蓄えられており、それを用いながら物語を理解している。そして、物語を読んだり、それを人と語り合ったりすることは、この心の台本をさらに豊かに増やしていくことにつながるのだ。

物語を理解する心の仕組み

森を見て木を見る

- 全体処理
- 部分処理
- ネイヴォン課題

映画界の巨匠リドリー・スコット監督は、代表作である『ブレードランナー』(1982年公開)において、イメージの層を幾重にも重ね合わせるレイヤリングという表現手法を用いた。映画の舞台は2019年のロサンゼルス。空には植民地惑星への移住を呼びかける飛行船が浮かぶ。乱立する超高層ビルの壁面は巨大なデジタルサイネージとなっており、企業CMが絶えず映し出されている。ビル群の谷間には日本語や中国語のネオンで照らされたオリエンタルな街並みが広がり、さまざまな民族衣装やパンクファッションをまとった人々であふれている。環境破壊により雨が延々と降り続けているため、路面は常にネオンの光が反射している。このような映像的要素のレイヤリングは、混沌としたハイブリッドな世界観を見事に演出し、2次元のスクリーンに奥行き感を与えることにも成功している。

『ブレードランナー』はフィクションの世界ではあるが、リアルな現実世界もさまざまな要素が重層した階層構造で成り立っていることを知覚心理学者の大橋智樹と行場次朗は指摘している。例えば、家屋に目を向けると、屋根や窓、ドア、ベランダといった部分によって構成され、さらにそのドアは、戸板やノブ、鍵穴などの部品から構成されている。こうした階層構造は人工物ばかりでなく生物にも見られる。例えば、私たちの身体は、頭、手、足などの要素で構成され、さらに顔は、目や鼻、口などの要素によって成り立っている。つまり、私たちが目にする視覚的情報の多くは、全体とそれを構成する部分の階層構造によって成り立っているとも言える。

部分よりも全体を優先

全体・部分で成り立つ視覚情報の階層構造は、私たちの認知の仕組みにも影響を与えている。このことを最初に明らかにしたのは、ハイファ大学の心理学者デイヴィッド・ネイヴォンである。彼は「木より森が先」という研究において階層文字刺激を用いた。この階層文字刺激は、小さな文字（アルファベット）によって大きな文字（アルファベット）が構成されており、全体・部分の階層構造を内包している。この階層文字刺激には、大きな文字と小さな文字が一致した、言い換えると全体が示す文字と部分の文字が一致したものもあれば、大きな文字と小さな文字が不一致の、つまり全体と部分が一致していないものもある。

実験ではこの階層文字刺激が瞬間提示された。グローバル（全体）指向条件では大きな文字がHもしくはSであったか、またローカル（部分）指向条件では小さな文字がHかSであったか判断させ、その反応時間を測定した。その結果、大きな文字を答えるグローバル指

ネイヴォンが用いた階層文字刺激

```
  H   H            S   S
  H   H            S   S
  H H H H          S S S S
  H   H            S   S
  H   H            S   S
   一致             不一致

     H H H        S   S   S
    H   H   H     S S S
     H H H        S   S   S
     H   H        S   S
    H   H   H     S S S S
   不一致           一致
```

小さなアルファベットで大きなアルファベットが構成されており、階層構造を持つ。小さなアルファベットと大きなアルファベットが一致したものと、一致していないものがある。

ネイヴォンの実験結果

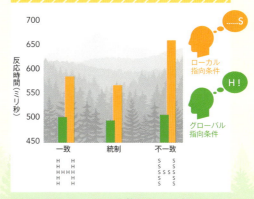

大きなアルファベットを答えさせるグローバル指向条件では階層文字刺激の一致・不一致の影響を受けにくいが、小さなアルファベットを答えさせるローカル指向条件では全体的に反応時間が遅く、不一致条件でとくに遅くなる。

向条件では、小さな文字との一致・不一致にかかわらず反応時間が速かった。しかし、小さな文字を答えるローカル指向条件では全体的に反応時間が遅く、とくに大きな文字と小さな文字が異なる場合、干渉が生じて反応時間がさらに遅かった。この結果から、階層構造を持つ視覚刺激が情報処理される際、部分処理よりも全体処理のほうが速くなされる、つまり視覚情報処理においては全体情報が優先されることが明らかになった。このことは、私たちが「森を見てから木を見ている」ことを示唆している。

　同じく階層構造を持つ顔についても、目、鼻、口などの構成要素ごとに処理されるのではなく、顔全体あるいは構成要素の空間的位置関係でとらえる全体的な視覚情報処理が行われている。顔の処理が全体処理優先であることを端的に示す現象が倒立顔効果である。通常の状態で目と口を上下に反転させた顔を見せると、その異形な容貌にすぐに気づくことができるが、その顔を180度回転させ、上下逆さにした状態では気づきにくい。これを倒立顔効果という（→ 3 8 ）。倒立させた顔を提示することによって、顔の全体情報の処理が阻害されるため、目や口などの構成要素の処理が困難になって生じる現象であると考えられる。

どちらが優勢かには個人差

　階層構造を持つ視覚情報の処理の仕方には個人差があり、全体処理優勢の人や部分処理優勢の人がいることも知られている。ノーザンブリア大学のダグラス・マーティンらは、ネイヴォン課題を用いて実験参加者を全体処理優勢の人と部分処理優勢の人に分類したところ、全体処理優勢群は、部分処理優勢群に比べると倒立顔効果が弱まることを示した。また、クイーン・マーガレット大学のスティーブン・ダーリンらは、全体処理優勢と部分処理優勢の個人差が目撃証言にも影響すると考え、次の実験を行った。まずネイヴォン課題により実験参加者を全体処理優勢群と部分処理優勢群とに分類した。その6週間後、先の実験参加者に銀行

強盗ビデオを提示した。ビデオの中で犯人の顔が写っていた時間は30秒間であった。その後、男性8人の画像を提示して強盗犯の再認を求めた。その結果、全体処理優勢群は25人中14人が正しく再認できたのに対し、部分処理優勢群は25人中7人しか再認できなかった。この結果からも、全体処理優勢の人は顔の再認成績が高いことが改めて示された。

全体処理と顔認識

全体処理が得意な人は、顔の認識にも優れている。階層構造を持つ顔の処理も、目、鼻、口などの構成要素ごとに処理されるのではなく、全体処理優先で行われるからだ。

課題に適したモードに切り替え

　一方、ネイヴォン課題を行わせることで、顔の再認成績が向上することも報告されている。ダートマス大学のニール・マクレーらは、実験参加者に銀行強盗の模擬ビデオを提示した後、ネイヴォン課題のグローバル指向条件、ローカル指向条件に相当する課題を10分間行わせた。その後、8人の男性の顔写真を提示し、強盗犯の顔を同定させた。その結果、統制群と比べると、ローカル指向群の再認率は有意に低く、一方、グローバル指向群の再認率は有意に高いことが示された。つまり、再認課題前にグローバルな視覚情報処理を行うことで、顔の再認成績を高められることが示された。

　このマクレーらの知見は、全体・部分の情報処理を個人差としてとらえたマーティンらやダーリンらとは異なり、認知のモードとしてとらえている。課題に適した認知モードに切り替えることで、顔再認成績が向上することを示したこの知見は大変興味深い。

（大上　渉）

文化によって心の働きは異なる

Keywords
- 分析的思考
- 包括的思考
- N400
- 検索誘導性忘却

文化の違いが心の働きに及ぼす影響を明らかにする比較文化心理学においては、注意や認知にも文化差があることが知られている。ミシガン大学のリチャード・ニスベットによると、欧米人の認知様式は「分析的思考」であり、東アジア人の認知様式は「包括的思考」であるという。分析的思考の欧米人は、古代ギリシャの思想的伝統を受け継いでおり、中心的対象に注意を向けやすく、対象を取り巻く周囲の事物には注意を向けにくいとしている。一方、包括的思考の東アジア人は、古代中国の思想的伝統を受け継いでおり、場面全体に注意を払い、周囲の状況や環境にもより多くの注意を向ける傾向があるという。

認知の文化差

分析的思考と包括的思考を実際に検証した研究はいくつもある。例えば、アルバータ大学の増田貴彦とニスベットは、日本人とアメリカ人に水槽の様子が描かれたアニメーションを提示した。水槽には、手前を活発に泳ぐ、大きな色鮮やかな魚のほか、小さいけれども機敏に動く魚や、カエルなどの水中生物、背景にはゆっくりと泳ぐ魚、水草、泡、石などが描かれていた。同じアニメーションが2回（各20秒）提示された後、何を見たか口頭で報告するよう求められた。回答内容は、言及された対象の数、色や形状、場所、動き、時期などにコード化された。その結果、日本人はアメリカ人と比べ、水槽の背景情報（水草や石、泡など）や背景情報と他のものとの関連性などについてより多く述べていた。また、日本人はまず状況や背景などから述べ始めたのに

対し、アメリカ人は中心的で顕著な魚から述べ始めた。このように同じ場面が提示されても、日本人とアメリカ人では注意を向ける対象が異なることが示された。

また、増田とニスベットは、変化の見落とし課題を用いて、日本人とアメリカ人の注意の向け方の違いを検証している。空港や工事現場、ヨットハーバーなど5つの場面の動画（20秒）をそれぞれ2バージョン作成した。2つのアニメーション動画はいくつかの点が異なっている。例えば、空港の場合、中心的な事物は、手前に写った飛行機やヘリコプター、空を飛んでいるコンコルドの色や細部の形状・その有無などが相違しており、背景の事物については、管制塔や照明塔の形状などが相違していた。これらの動画を日本人とアメリカ人に提示し、2つのバージョンでどこが異なるのか報告を求めた。その結果、日本人は、アメリカ人と比べると、背景の変化により多く気づいたのに対し、アメリカ人は、日本人と比べ、手前に写った中心的な事物の変化をより多く指摘した。

顕著な対象か、背景情報か

増田とニスベットの実験では、このような水槽の様子を描いたアニメーションが用いられた。あなたなら、まず何に注意が向くだろうか？

その生理的裏づけ

さらに、増田らは、事象関連電位の1つであるN400を用いて、分析的思考と包括的思考について検証している。N400は意味処理に関連する事象関連電位であり、予測や期待から逸れたときに生じる。

この実験では日本人とカナダ人に、動物と背景を組み合わせたさまざまな画像を提示し、その後、提示された画像の再認が求められた。再認に際しては、背景は考慮せず、先に見た動物かどうかを速く正確に判断す

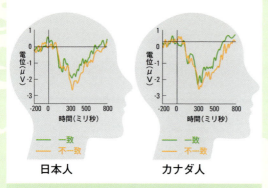

背景と別々か、背景と一体か

増田らは、事象関連電位を用いて認知の文化差の生理的基盤を調べている。日本人はカナダ人に比べ、動物と背景の一致時と不一致時のN400のピークの差が大きくなっている。つまり日本人は動物と背景を一体のものと把握するため、背景が変わるとその影響を受けやすいのだ。

るよう求められ、N400も測定された。その結果、日本人もカナダ人も、N400の振幅は、動物を新しい背景に提示したとき（不一致時）のほうが、元の背景に動物を提示したとき（一致時）よりも大きかった。しかしながら、日本人のほうが、カナダ人よりも一致時と不一致時の振幅の差は大きかった。さらに不一致時における再認の正確さとN400の振幅の関係を調べたところ、日本人は正確に再認するにつれてN400の振幅が小さくなるのに対し、カナダ人にはそのような関係は見られなかった。この結果は、欧米人は分析的思考によって、動物と背景を個別に保持していることから、再認時における動物と背景の一致・不一致による影響を受けにくいのに対し、日本人は包括的思考によって動物も背景も一体的に保持していることから、再認時に背景の一致・不一致の影響を受けやすいことを示している。

記憶にも文化差

　欧米人の分析的思考と東アジア人の包括的思考の違いは、注意や認知ばかりでなく、記憶にも影響を及ぼすことが報告されている。京都大学の内田由紀子らは、記憶における検索誘導性忘却（RIF）に注目し、その文化差を検証した。RIFとは、ある事柄を検索することによって、それと関連する別の事柄が想起されにくくなる現象のことをいう。例えば、洗剤

Ⅲ 環境との複雑なインタラクション

やシャンプー、トイレットペーパーなどの日用品を購入するためにホームセンターに向かったとする。日用品のうちのいくつかについては、すべて使い切ってしまい、必ず買わなければならなかったので、道すがら何度も口ずさんだ。ホームセンターに到着したところ、口ずさんだ日用品については覚えているのに、それ以外の買うべき日用品を思い出せなかった。つまり、あることを思い出すと、それと引き換えに忘れてしまうものもあることを、RIFが示している。このRIFについては、欧米人を対象にした研究で、自分自身と関連が深い事柄であれば、RIFが消失することが知られている（これを自己参照効果という ➡ 1 9 ）。その一方で、自分の親友と関連する事柄ではRIFの消失は見られないことも明らかになっている。

思い出そうとして思い出せなくなる

ある事柄を検索することで、それと関連する別の事柄が想起されにくくなってしまう。あなたにも経験があるだろう。これを検索誘導性忘却という。

　内田らは、日本人学生に対し、自分自身の他に、家族、親友、もしくは自分との関係が極めて薄い他者が、アイテム（台所用品や電化製品など）を使用している状況を想像しながら記銘する条件をそれぞれ設けて、RIFの生起を検証した。その結果、日本人は、欧米人と異なり、家族や親友であっても自分自身と同様にRIFを消失させる要因になることが明らかになった。この研究から、分析的思考の欧米人は自分のみに関連させて記憶を体制化するのに対し、包括的思考の日本人は、自分以外にも、自分を取り巻く重要な他者と関連させて記憶を体制化することが示された。

　このように注意や認知、記憶などの、心の働きの基礎的な機能においても文化差が見られることが示されている。文化は、私たちの心理・行動を理解する上で、見過ごすことができない重要な要因であると言える。（大上　渉）

文化によって心の働きは異なる

顔が目の前で入れ替わる……
あなたはいったい誰?

Keywords
顔認識
サッチャー錯視
空間周波数
ハイブリッド画像

　周りの人が誰なのか、またその人の気分を知るためには、明らかに、その人の顔を見ることが一番手っ取り早い。加えて、もちろん声の質なども個人の識別や感情の推測に役立つけれども、他者の顔の認識が社会生活を送る上でとても重要な働きをしている。

要素を統合して全体を見る

　さまざまな表情の認識は、顔の一部の微妙な変化をとらえているということを意味する。では、目や口のような要素があれば十分なのだろうか? まず、下の図をそのまま見てみよう。左右の写真に、明らかな違いがあるだろうか? 大して違いがないように見える。この人は、世界史に詳しい人ならご存じの通り、イギリスの元首相マーガレット・サッチャーである。「鉄の女」という異名で、不況を乗り切る舵取りをした人として有名だ。では、本を反転させて見てみよう。

　ぎょっとする。右のサッチャーは穏やかに笑っているが、左のサッチャーはすごい形相で怒っているような顔をしている。この図の作り方は、目と口を切り取って、逆さまにくっつけ

サッチャー錯視

このまま見ただけでは表情の違いはわかりにくいが、本を反転させて見てみよう。まったく異なった表情であることがわかる。表情の認識には全体の形状がとても大切であることを示す好例である。

たというだけなのだ。つまり、表情認識には、目や口といった要素の配置の向きを含めた、全体の形状がとても大切であるということだ。これはサッチャー錯視と呼ばれている（➡3|6）。

　表情は、いくつかの種類、カテゴリーに分けて考えることができる。ヒトには6つの基本表情（喜び、悲しみ、怒り、嫌悪、恐怖、驚き）があるとされており、文化や人種に関係なくそれらを読み取ることができる。これは、何の働きによるものだろうか？　簡単に言えば、顔の部分がしかるべき形状になったときに、特定の表情が知覚される。もう少し丁寧に言えば、眉が少し歪んでいたり、目が開いたり、口が微妙に曲がったり、というとてもわずかな顔の変化が、さまざまに異なる種類の表情をつくり出す。このような微妙な違いを処理する専門の部位を脳は有していると考えられているのだ。神経科学的な方法を用いた研究によれば、顔を処理する領域は、脳の中心に対して右後方やや下の直径2センチメートル程度の部分に存在する。

　このような顔の認識の背景にあるのは、目、口、鼻、眉、顔の輪郭などの顔の要素をうまく統合する視覚の働きである。その意味では、知覚的体制化や群化の法則（➡1|2）が当てはまると言える。しかし、ゲシュタルト心理学者が提案した法則は、かなり質的な記述である。群化の法則の別の限界としては、連続的に変化する画像や要素については、どのように考えるのか難しいという点もある。

　現代では形の認識の処理は、空間周波数解析と呼ばれる、画像を分析する方法を踏まえて行うことが多い。かいつまんで言えば、要素を解析することによって取り出し、それを記憶と比較する、ということだ。私たちが記憶に持っている心的な表象を鋳型にたとえることもある。

空間周波数による情報処理

　空間周波数は、よりよく知られている普通の時間周波数と概念的には近い。時間周波数はある時間内の繰り返しととらえるのに対し、空間周波数では、文字通り、空間の中での周波数となる。変化するのは、明るさや輝度を考える場合が多い。空間周波数が高い、ということは波の繰り返しが多いということであり、模様が細かいことを意味する。反対に空間周波数が低い、というのは繰り返しが少ないということである。つまり模様の持つ変化が緩やかとなることを意味する。空間周波数の単位はサイクル／度で、視角1度あたりに波が何回繰り返されるかということである。視角1度は、手を伸ばした先（約57.3センチメートル）の1センチメートルの大きさである。空間周波数解析の良いところは、繰り返しのない2次元画像であっても、繰り返しを持つ波の足し合わせによって、どのような画像でも再現できるというところにある。これは数学的にはフーリエ解析と呼ばれる手法である。

　空間周波数の情報処理について、いくつか重要な点がある。ヒトはすべての周波数を平等に処理できるわけではないということである。まず、ヒトが見ることができる最大の空間周波数はおよそ60サイクル／度である。これは視力の限界に近い。左の図の横軸では空間周波数が連続的に変化しており、縦軸は空間周波数のコントラストが一様に連続的に変化している。これを見ると、縞模様が見える境目は、山なり

コントラストチャート

http://ohzawa-lab.bpe.es.osaka-u.ac.jp/ohzawa-lab/izumi/CSF/A_What_is_CSF.html

縞模様が見える境目は山なりのようになって見えると思うが、本までの距離を変えると、山のピークが変わって見えるはずだ。コントラストの見やすさは空間周波数によって異なるのである。

のようになって見える。本までの距離を変えると、山のピークが変わって見えるはずだ。本を眼から離すと、横軸の右のほうはストンと下がっているように見えて、近くから見るとなだらかに右下がりに見える。物理的には、コントラストは横方向で同じである。山型に見えたなら、コントラストの見やすさは空間周波数によって異なるということだ。

これを用いた有名な例がある。右の図を20〜30センチメートル離して眺めると、有名な物理学者アルバート・アインシュタインが見える。では本を1〜2メートルほど遠ざけて見てみよう。今度はアインシュタインがいなくなり、代わりに、マリリン・モンローが現れる。これはハイブリッド画像と呼ばれるもので、それぞれの顔の空間周波数を取り出して合成して作られている。観察距離が変わると網膜上で空間周波数が変わるので、距離に応じて見える模様が異なるということである。これも空間周波数解析の重要性を示す例である。

モンロー・アインシュタインのハイブリッド画像に私たちがすごく驚くのは、入れ替わる人物の違いが大きいからだろう。2人は、表情だけでなく、年齢、性別も異なる。年齢や性別は、表情とはカテゴリーが違う情報、つまり個人に関する情報であり、顔から私たちが普段得ている情報に含まれる（他の情報には、魅力もある）。日常場面で、ある人と話していて、その人が別の誰かに入れ替わったりすることはないし、あればそれはミステリーに近い。こういう種類の個人に関する情報の認識は、私たちの日常生活の基盤をなす、暗黙の仮定に属するものである。（光藤宏行）

ハイブリッド画像

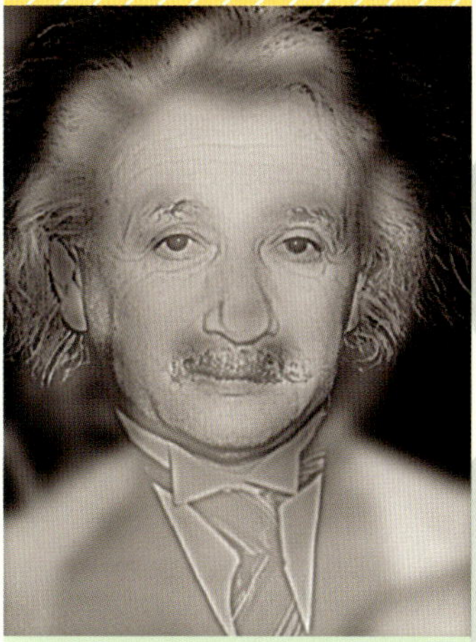

http://cvcl.mit.edu/hybrid_gallery/monroe_einstein.html

普通に眺めるとアインシュタインが見えて、遠ざけるとマリリン・モンローが現れる。それぞれの顔の空間周波数を取り出して合成しているため、距離に応じて見える模様が変わってくるのだ。

顔が目の前で入れ替わる……
あなたはいったい誰？

近づけば近づくほど、不気味

Keywords
不気味の谷
ロボット
生き物
カテゴリー判断

21世紀に入って、現実の人間に近い見かけの動くロボットが有名になってきた。大阪大学のロボット工学者、石黒浩が作っているアンドロイドロボットはとても有名だし、芸能人マツコ・デラックスに似せた動くロボット「マツコロイド」もよく知られている。それに対し、以前の（20世紀的な）ロボットは、人間ではなくロボットであることが一目でわかる外観だった。例えば鉄人28号、ゴールドライタン、初代アイボなど、直線的なパーツが多く、硬い金属やプラスチックなどで覆われていた。技術の進歩により、柔らかな素材や、本物の人間のような複雑な曲線を持つ造形が可能になってきた。そのような技術で製作されたロボットは、人に見かけが近づいているにもかかわらず、必ずしも心地よいと感じられるものではない。この現象をロボット工学者の森政弘は、1970年に発表した論文の中で「不気味の谷」と名づけた。

未知か既知か、生き物かそうでないか

不気味の谷という現象が生じる認知的メカニズムはどうなっているのだろう。森自身は、人間に近いロボットが不気味に感じられるのは、死や未知のものに対する心理的反応ではないかと仮説を述べている。死や未知のものを連想するというのは、心理学的な意味でのカテゴリーを認識するプロセスと関わっている。カテゴリーとは、言語学的・論理学的な意味合いでは、ある属性を持つものの集合である。さらに、カテゴリーは生物学的な意味でも用いられる。例えば現代の学術的区分では、鳥は

恐竜に含まれる。ただ、日常場面でカラスを恐竜と呼べば、普通の人は違和感を覚えるだろう。これは、日常場面で通用しているカテゴリーと学術的なカテゴリーが必ずしも一致しないためである。さらにカテゴリーは心理学的な概念としても用いられる。心理学の文脈では、似たものに「感じられる」もの同士は、同じカテゴリーを形成すると言ってよいだろう。不気味の谷については、判断する対象が生き物かどうかの認識、言い換えると有生性についての心理学的なカテゴリーの判断が関わっていると考えられる。

　自分の目の前にいる生き物が生きているか死んでいるかは、私たちの生存にとって重要である。活き造りのイカとか、白魚の踊り食いというのがどうしても苦手な人がいる。イカの刺身の表面がゆっくり動いていたり、模様が高速に動く様子を見ると、どうしても食べ物には感じられない。料理を提供してくれた料理人やイカには悪いが、動きがきちんと止まって、生命活動が停止した状態でないと、食べられるものであるという認識がなされないという感じがする。

　生き物かそうでないかを視覚的に判断する私たちの能力は、極めて優れていることを示す研究もある。例えば認知神経科学者のサイモン・ソープらは、静止画の自然画像を20ミリ秒提示して、画像が生き物を含

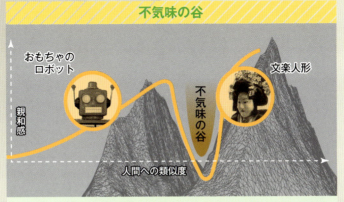

ロボットや人形は人間に見かけが近づくほど親和感が高まるが、類似度が一定のところまで高まると、急に不気味に感じられる。

んでいるかを判断させるという実験を行った。脳波を測定したところ、画像の提示開始から150ミリ秒という極めて短い時間で、生き物がいるかどうかを識別していることを示唆する結果を得ている。

　不気味の谷現象は、このような生き物に関するカテゴリー判断の認知的メカニズムと関係している可能性がある。山口大学の山田祐樹らは、顔写真とアニメ画像をモーフィングした画像を用いた行動実験を報告している。その実験では、カテゴリー判断が難しいときには、対象が好ましく感じられない傾向があることを示している。分類が困難な場合でも、合成して作られた対象がすでに知っているカテゴリーである場合には不気味には感じられない。例えば、アジア系の人とヨーロッパ系の人を両親とする子ども、またはアジア系の人とアフリカ系の人を両親とするいわゆるハーフの子どもはかわいらしく感じられやすい。これはモーフィング画像を用いたスターリング大学のアンソニー・リトルらの実験でも確認されている。

現実感があるか、経験を持つか

　不気味の谷の説明として、他にもいくつか仮説が提案されている。技術の進歩にもかかわらず、ロボットのような人工物は細かな仕上げがどうしても実際のものとは異なってしまうことがある。全体としては人工物は実物に近くできるにもかかわらず、細かな部分まで完全に実物と同じにすることはかなり難しい。このような細部の不一致を、現実感を損なう手がかりであるととらえインディアナ大学のカール・マクドーマンらによれば、不気味の谷が生じるのは、このような非現実的な感じをもたらす手がかりのせいである。彼らは現実に近づけた人間の3DのCGモデルを作成し、現実感を損なう手がかりがあるときにCGモデルは気持ち悪く感じられることを報告している。

　他の仮説としては、ノースカロライナ大学のカート・グレーらは、不気味ではないロボットは行動はするが、恐れなどの感覚を持っていない印

Ⅲ 環境との複雑なインタラクション

カテゴリー判断

生き物か？
現実感があるか？
経験を持つ相手か？

私たちは、生き物とそうでないものを瞬時に判断できる能力を備えているように、物事をさまざまなカテゴリーに区分することで認識している。既存のカテゴリーにうまく収まりそうで収まらない、ごく微細な差異が存在するものには、何となく気味が悪い感じがする。

象を持つことに着目した。例えば「恐れや空腹を感じることはできるが、何かを操作する（行動する）ことはできない」ロボットと、「空腹や恐れを感じることはないが、何かを操作できる」ロボットのどちらに不安を感じるだろうか。グレーらは質問紙調査によってこの問題を一般の人に尋ねたところ、空腹や恐れを感じる、つまり経験を持つことができるロボットを人は気味悪く感じる傾向があることを報告している。彼らは別の調査で、少し変えた質問を用いた研究を行っている。その調査では「空腹や恐れを感じないが行動する」人と「空腹や恐れを感じるが行動しない」人の気味悪さを尋ねた。結果としては、空腹や恐れを感じない人のほうがより気味悪いというものであった。したがって、不気味さを感じる背景には、人間やロボットなどの対象が感覚を認識しているかどうかということが関与していると主張している。

　どの仮説が正しいにせよ、私たちは生き物のカテゴリーを無自覚的に判断し、それが不気味の谷を生み出していると思われる。　　（光藤宏行）

近づけば近づくほど、不気味

魅力的な顔とはどのような顔か

Keywords
外見的魅力
ブラインドデート実験
平均化
対称化
進化

顔は対人認知において非常に重要な刺激である。友人や知人、家族や恋人を識別するときに顔は最も大きな手がかりとなる。他人、とくに恋愛対象の魅力は、顔をはじめとした外見的な魅力によって判断することが多い。例えば、社会心理学者のエレーヌ・ウォルスターは、ブラインドデート実験と言われる実験によって恋愛における外見の重要性について明らかにしている。この実験では、異性の恋人が欲しいと考えている大学生を集め、彼らをランダムにペアにして（しかし、本人たちには「コンピュータが最適な相性の相手を選びました」と教示してある）、2時間あまりペアでパーティーに参加させ、その後、参加者に今日ペアになった相手と今後もデートしたいかを尋ねた。すると、外向性などの性格や知的能力、成績よりも外見的な魅力が重要であり、もちろん、それが高いほどデート希望率が高くなることがわかった。

その後の研究で、実際の恋愛では、外見的な魅力の影響は決定的に重要なわけではないということも明らかになったが（多くの研究者はここでちょっとホッとした）、とくに初対面や出会いの初期において外見が魅力に与える影響は、（他の情報がまだ十分利用できないということもあってか）非常に大きいということがわかっている。

平均的な顔は魅力的

では、そもそも、外見的な魅力が高い、つまりハンサムとか美人とか言われる人はどのような外見の人なのだろうか。この問

題について初めて科学的な研究を行ったのはフランシス・ゴールトンという19世紀後半に活躍した科学者である。ゴールトンは、進化論で有名なチャールズ・ダーウィンのいとこにあたる人物である。

ゴールトンは当時最先端の技術であった写真機を使用して実験を行った。彼はたくさんの人物の写真を重ね焼きして平均的な顔を作るということを試みた。重ね焼きすると、個人の個性的な部分がどんどん薄れ、多くの人が共通で持っている特徴が強調されてくるのである。ゴールトンの当初のもくろみの1つは、たくさんの犯罪者の顔を平均化して、究極の犯罪者顔を見つけることであったが、実際にはこのもくろみは失敗した。

たくさんの顔を重ね焼きしていくと、合成された顔は、男性はだんだんハンサムに、女性はだんだん美人になっていったのである。ここからゴールトンは、顔の魅力についての平均顔仮説を提唱した。これは「魅力的な顔というのは、そのような顔があるわけではなく、単に平均的な顔が魅力的なのだ」という仮説である。この仮説は最近になって、デジタル写真合成技術を用いた方法でも追試され、同様な結果が得られている。

なぜ典型的な顔は美しいと評価されるのだろうか。これに関してゴールトンは、私たちの進化のプロセスが関係しているのではないかと考えている。私たちは自分の遺伝子を後世により多く残していくといった方向での行動を進化させてきた。そのためには自分との間になるべく多くの子どもをつくってくれる健康で長生きできる異性とカップルとなることが必要である。では、そのような異性とはどのような異性なのだろうか。その1つの答えが平均的な特徴を持った異性ということなのである。ゴールトンは、平均からのズレはそれ自体遺伝子の変異を示すものであり、最も平均的な値を持つものが最も優れた特性を持っている可能性が大きいと考えたのである。実際、身長や体のサイズ、その比率などにおいて、集団の平均的な値を持つ個体が最も魅力的に見えるということは多くの研究で証明されている。

左右対称の顔も魅力的

その後、この平均化に加えてさまざまな要素が外見的な魅力と関連していることが明らかになってきた。1つは対称化と言われている現象である。これは顔の左右が対称であるほうが高い魅力を生じさせるという現象である。例えば、西オーストラリア大学のジリアン・ローズらは、顔の画像処理によって、あまり対称でない、やや対称である、かなり対称である、完全に対称であるという4つの顔刺激を作り出した。そしてこれらの刺激を提示してその顔の魅力度について評定させる実験を行ったところ、対称性が増加するほど魅力度が高くなるという明確な結果が得られた。この現象についてさらに興味深い研究を行っているのは、スターリング大学のアンソニー・リトルらのグループである。彼らはアフリカのハッザという民族の男女の顔を用いて、元の顔と、それを画像処理によって完全に対

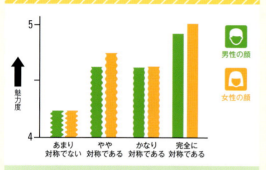

対称性が増加するほど魅力的

ローズらの実験では、画像処理によって対称性の異なる4つの顔を作り出し、それぞれの魅力度を評定してもらったところ、対称性が増すにつれて魅力度も高くなった。

民族が違っても魅力的

Little et al. (2007)

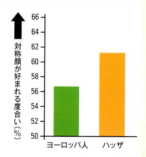

リトルらは、アフリカ系民族のハッザの人たちの顔写真（bのⅰとⅱ）と、それを画像処理で対称化した顔写真（aのⅰとⅱ）をヨーロッパ人に見せてどちらが魅力的か判断してもらった。その結果、偶然レベルの50％以上の人が対称顔のほうが魅力的だと答えた（左のグラフ）。ハッザの人たちも、同じ民族の顔に対して同様の判断を示した（右のグラフ）。

顔の魅力を決定する要因

さまざまな要因が次々と明らかになっているが、平均的である、対称性が高い、肌がすべすべである、などの要因が重要であることが示されている。

称にした顔のどちらが魅力的かを判断させる実験を行った。判断に協力したのは、ヨーロッパ人でハッザなどのアフリカ系民族の顔にあまりなじみのない人たちであった。これらの顔刺激はよほど詳細に見ないとどちらが元の顔でどちらが対称化した顔かわからないほど似通っていたが、ヨーロッパの人も偶然レベル（50％）より多くの人が、対称顔のほうが魅力的だと判断した。

顔の魅力で、もう1つの重要な要因は肌のテクスチュア、つまりそのすべすべ感の認知である。リトルらのグループはこの肌の効果はかなり強力であり、平均化に匹敵するほどの効果を持っているということを実験的に明らかにしている。

このように顔の魅力を決定する要因が次々に明らかになってきたため、現在ではコンピュータの画像処理によってその魅力度を判断するということも十分可能になってきている。魅力という極めて感情的な判断を機械ができるようになってきたのである。しかし、そもそも魅力というのは私たちが人間関係を構築したり、生殖したりするための手がかりとして進化してきたものである。人間の魅力を理解できるコンピュータにとって、果たしてそれはどのような意味を持つものなのだろうか？

（越智啓太）

41

人工知能が人間を超える

Keywords
思考
コンピュータ・シミュレーション
問題解決

　1996年、IBMのスーパーコンピュータ「ディープ・ブルー」がチェスの世界チャンピオンであるガルリ・カスパロフと対戦し、勝利を収めた。カスパロフは15年もの間、チェスの世界チャンピオンのタイトルを保持し続けた人物であり、当時は「コンピュータがチェスの世界王者に勝利した」と報道され、大きな話題となった。

　心理学の分野では、人間の思考の仕組みを理解するために、コンピュータである人工知能を利用した研究が数多く存在する。ここでは、心理学における人工知能を用いた研究の方法について概観し、世界チャンピオンに人工知能が勝利できた理由、そして、人工知能が囲碁でも世界チャンピオンに勝てるのかどうか見ていきたい。

人工知能を用いた心の研究

　ご存じのように、心理学は「心」の働きや仕組みを理解しようとする学問である。そのため、考えや思いを巡らせる精神活動である「思考」についても当然、心理学の研究対象となる。心理学では思考について「知識を構成し、構成した知識を新しい状況に適用すること」と定義するのが一般的だ。すなわち、すでに持っている知識に学習を通じて獲得した新たな知識を統合して、知識を再構成し、何らかの問題解決が必要な状況にその知識を適用することである。この定義に従えば、中学校で習うような数学の問題は、まさに思考が必要であると言えるだろう。

　それでは、思考について研究するためには、どのような方法

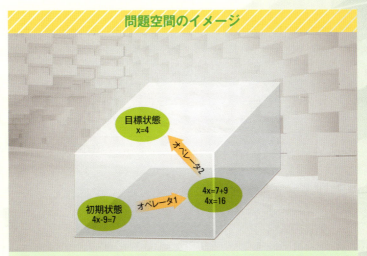

問題を記述・分析する枠組みを問題空間と呼び、そこでは初期状態から目標状態に向けて、オペレータという操作の適用によって問題解決が進められる。

が考えられるだろうか。思考は心の働きであるから、外から観察することは不可能である。そこで、人工知能が役に立つ。すなわち、コンピュータ・シミュレーションによって人間の思考のあり方を探るのである。問題を記述・分析する枠組みを問題空間と呼び、問題空間において、問題は、初期状態と目標状態、オペレータの3つから構成されるというように考える。初期状態とは問題解決状況における最初の状態のことであり、目標状態とは問題解決後の状態を指す。オペレータとは問題解決状況における実行が許されている操作のことである。したがって、問題解決とは、与えられた複数のオペレータを適切な順番で適用して、初期状態から目標状態に至ることであると言える。例えば、方程式を解くことは、「$4x - 9 = 7$」を初期状態とし、「移項する」「両辺を4で割る」といったオペレータを適用して、「$x = 4$」という目標状態を導くことに他ならない。コンピュータ・シミュレーションでは、実行可能なコンピュータ・プログラムを作成して、人間の思考と同じような問題解決のモデルを構成する。

ボードゲームは問題解決の縮図

　人間の思考による問題解決を研究するのに、これまで長い時間、チェスやチェッカー、将棋などのボードゲームが使われてきた。これらのボードゲームが研究に用いられてきたのには、オペレーションとしてのルールが単純で明確である、初期状態と目標状態が明確であるという理由がある。さらに、ボードゲームは一般の世界を抽象化して提供しているという利点もある。現実場面における問題解決状況には、複雑な要因が絡み合っており、例えば、2つの国同士の戦争の戦略立案を抽象化して単純なものに落とし込んだのがチェスや将棋であると言える。ボードゲームを用いて研究を行うことで、人間の思考のメカニズムの基礎を理解することを目指しているのである。

　チェスなどのボードゲームにおける研究では、問題解決状況を設定するのに、目標状態、すなわち、自分の勝利で決着がついている状態から1つ前、1つ前とゲーム結果が自分にとって最も有利になるように戦略を決定していく。実際には、時間やコンピュータの記憶容量の問題があるため、すべての状況を設定するのは不可能である。コンピュータ・シミュレーションにより初期状態から決着がつくまでの状態数を求めたところ、チェスには10の120乗の状態数があることがわかっている。

急速に進歩する人工知能

　問題空間においてチェスをとらえた場合、チェスのゲームにおける平均分岐数は35であり、一手の時間が3分程度であることから、コンピュータによりだいたい5,000から6,000手先まで先読みできることがわかっている。一方、同じボードゲームでも、将棋は分岐数が非常に多く、駒の種類も非常に多いことから、最も有利になる戦略の幅が広くなってしまう。さらに、囲碁となると分岐数は360にまで及び、状態数をすべて求めることは不可能である。そのため、人工知能は、チェスでは世

人工知能の強さの理由

チェスの元世界王者カスパロフは、人工知能の強さの理由として、すべての手を読めること、先入観を持たないことを挙げた。いずれボードゲームでは、人間が人工知能にまったく歯が立たなくなる日が来るのかもしれない。

界チャンピオンに勝つことができても、将棋や囲碁で世界チャンピオンに勝つのは遠い未来のことになるだろうと考えられていた。

ところが、人工知能は当初の予想を大きく超えて急速に進歩し、2013年には将棋で人工知能がトッププロ棋士を下し、2015年には囲碁で人工知能「AlphaGo」が初めて人間のプロ棋士に勝利し、翌2016年には世界大会で優勝した棋士にも勝利した。人工知能が囲碁でも人間を超えた瞬間だった。

カスパロフは、2017年に出版した著書『ディープ・シンキング』の中で、ゲームにおけるコンピュータの強さの理由として、すべての手を読めることと先入観を持たないことであるとまとめている。さらに、人間が自分の先入観と合致する情報に接すると客観的なデータを軽視してしまう一方、人工知能はそれまで下してきた決断に盲目的に執着することがないと述べている。これは、人間がなじみのある問題の解に固執してしまい、選択肢を自動的に狭めてしまうのに対して、人工知能は膨大な数に上る選択肢を可能な限り多く比較できることを意味している。人工知能が複雑な人間の思考の謎を解明することができる日も遠くないかもしれない。

（新岡陽光）

意識的な行動はどこまで意識的か

Keywords
感覚支配的行動
習得的行動
選択盲

私たちの日常のさまざまな行動は大きく2つに分けられる。感覚支配的行動と習得的行動だ。これらはそれぞれどのような特徴があるのだろうか。それを探っていくと、実は私たちは自分が思っているほど意識的な存在でも理性的な存在でもないという驚くべき事実が浮かび上がってくる。

あらゆる行動の2つの側面

　感覚支配的行動は、身の回りの環境からの入力や刺激に応じて即座に応答が求められる行動のことである。例えば、大きな音が生じると自動的にそちらを見るといった定位反射がある。熱いものに手が触れたりしたときにも疼痛反射と呼ばれる、考えるより前に腕が自動的に引っ込むという行動が生じる。このような反射的な行動は、危険を避けたり、動作をより円滑に行うために必要である。

　感覚支配的行動に対し、意図や意志を持って特定の目的のために新たに獲得した行動は、習得的行動と呼ばれる。学校の体育の時間に跳び箱が跳べるようになったり、難しい漢字を書くことができるようになったり、お店で何を買おうか悩み、最終的に選んでレジに持っていったりするのはすべて習得的行動である。どちらかと言えば、より人間らしい、理性や心を持った人間が行う、考えたり、悩んだり、判断したり、選択したりといった行動はこちらに近いと言えるだろう。

　ただ、すべての行動はどちらかにすっきりと分類できるというよりは、それらは普段の行動の2つの側面、または要素であ

感覚支配的行動と習得的行動

こっちのほうが安いけど色がいまいち、こっちは高いけど良さそう……

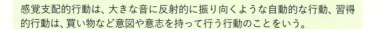

感覚支配的行動は、大きな音に反射的に振り向くような自動的な行動、習得的行動は、買い物など意図や意志を持って行う行動のことをいう。

ると考えるほうがより妥当だ。家の鍵をかけるという行動を考えてみよう。例えば、大学生になって独り暮らしを始めたとき、新しい家やアパートの鍵を受け取る。新しい生活が始まったときは新しい鍵の使い方には慣れていない。どちらに回して、どう開けるのか、意識しないとなかなか難しい。同じようなことは、外国でホテルを借りたときなどにも遭遇する。一度慣れてしまえば鍵の開け方はあまり意識に上らなくなり、ほぼ自動的に鍵をかけてドアを開けることができるようになる。考え事をしているときなど、自分が鍵をかけたか不安になることもある。これは、習得的行動から感覚支配的行動に近づいていると言える。

判断・選択が常に合理的であるとは限らない

鍵の開け閉めは極めて定型的な私たちの日常の行動である一方、より合理的な判断が求められる、言わば理性を必要とするような行動についても、似たような自動的な処理をしてしまうことが報告されている。心や意識があれば、いつでも理性的な行動をとることができるのだろうか。また、そもそも行動は理性的でなくてはならない、と考えるかもしれない。

休憩のタイミングが判決を左右する

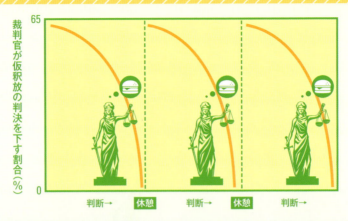

イスラエルでの裁判官の分析によると、裁判官が仮釈放の判決を下す割合は、判断が続くにつれて0に近づき、休憩後にはまた上昇するという傾向を示したという。一見すると理性的な判断にも、疲労などの感覚的な要因が影響しているのだろうか。

　常識的にはこのような考え方は当然だろうが、2011年にこれに疑問を投げかける研究が発表された。研究では、イスラエルでの裁判官の判決が分析された。具体的には、受刑者の仮釈放の申請を認めるかどうか、つまり刑務所に服役している人のお願いを聞くかどうかということについて分析が行われた。裁判官は、次々に申請を聞いて、仮釈放を認めるかどうかの判断を下す。この研究では、50日にわたる8人の判決と、判決の前の休憩のタイミングとの関係が検討された。その結果、一日の最初では、65％ぐらいの割合で仮釈放の判決をするが、判断が続くにつれて仮釈放を認める割合は0に近づくことが明らかになった。ただ、食事休憩の後には65％程度に回復した。

　裁判官による判断というのも行動の1つである。これは、習得的行動の中でも、とくに理性が関わるべきであると考えられる。つまり心も意識も必要で、正しい判断をすることが期待されている。それにもかかわらず、それが休憩のタイミングというような、感覚的な事柄で左右されるということだ。

　さらに、自分の判断や選択の結果もまた、常に合理的であるとは限らないという研究もある。ルンド大学のペター・ヨハンソンらは、実験者が

提示する2つの選択肢から参加者に片方を選ばせる課題を行った。課題とは、2つの顔写真のうち魅力的なほうを選ぶといったものであったり、2種類のジャムのうちおいしいほうを選ぶといった、参加者本人の判断による選択と考えられるものであった。選択は本人の意志によるもので、常識的には選んだ理由を合理的に説明できることが期待される。ただし、この実験にはなかなか意地悪な仕掛けが用意されていた。参加者が選択をした後、参加者が選んだほうの選択肢と選ばなかったほうの選択肢を入れ替えるという手品の仕掛けのようなものがあったのだ。そして、選ばなかったほうの選択肢をもう一度出しても、それが選んだほうとは違うということに多くの人は気づかなかった。さらに、自分が選ばなかったほうの選択肢の特徴を記述しながら好みを説明するといった言動さえ見られた。

　これらの近年の研究が意味することをまとめると、行動の分類で言えば理性的、習得的であるべき行動であっても、実際のところ、感覚支配的な側面があるということだろう。半ば自動的に行っている行動の要素もあるが、それに本人は気づいていない。20世紀前半の哲学者ルートヴィヒ・ウィトゲンシュタインの言葉「私の言語の境界が、私の世界の境界を意味する。……主体は世界のうちに属するのではない。それは、世界の境界なのである」は心理学の文脈にも当てはまる。

（光藤宏行）

自分で選んだのに気づかない

ヨハンソンらの実験では、参加者はより魅力的な選択肢を選ぶが（A）、手品のようなすり替えによって（B）、自分が選んだほうではない選択肢を示される（C）。多くの参加者はそれに気づかなかった。自らの意志で選択したはずなのに、それをまったく覚えていないとは、果たして意志とは何なのだろう。

43

セクシー広告の効果

Keywords
- 古典的条件づけ
- 錯誤帰属
- 態度変容
- 説得的コミュニケーション

テレビやインターネット、街には広告があふれている。さまざまな商品、サービス、公共的なメッセージまでもが趣向を凝らして自分をアピールしている。広告を見る私たちは、広告を見てさまざまな情報を得て、日々の消費行動を決定している。広告を出す側は、どのような広告を出せば、多くの人々の注目を浴び、多くの人々の記憶に残り、多くの人々の行動を変容させることができるのかについて日々頭を悩ませている。では、実際どのような広告が有効なのだろうか？

好感度の高いものと同時に提示

まずタレント広告について見てみよう。これは有名なタレントやアイドルが商品を宣伝するタイプの広告である。日本は世界の中でも最もタレント広告が多い国として有名である。ではなぜタレント広告は有効なのだろうか。ここにはいくつかのメカニズムが働いている。最初に挙げられるのは古典的条件づけ効果である。私たちは、もともと好感を持っているものと同時に何かが提示されると、その何かに対しても好感を持つようになる。例えば、新発売の商品が単独で提示されるときに比べて、すでに好感を持っているものと同時に提示されるほうがその商品を好きになるのである。広告に起用されるタレントやアイドルは好

タレント広告

もともと好感度の高い人物などと一緒に商品を提示されると、その商品をより好きになる。ここでは古典的条件づけが効果を発揮する。

III 環境との複雑なインタラクション

感度が高い人が多いのはこれが理由である。毎年、好感度ランキングの上位のタレントは広告登場回数でも上位に来ることが多い。

また、もう1つのメカニズムとして、マッチング仮説がある。これは商品の持つイメージとタレントの持つイメージが一致することによって、より印象が強くなるというものである。例えば、さわやかなイメージのタレントと清涼飲料水、温かく優しいイメージのタレントとソフトな洗剤などの組み合わせの広告がよく見られるのもその一例である。

セクシーな刺激で注目を集める

次にセクシー広告について見てみよう。これはセクシーな女性や男性を前面に押し出した広告である。化粧品や衣料品、旅行などの広告で見られることが多い。では、セクシー広告はなぜ効果的なのだろうか。1つの理由は目を引きつけやすい、つまり注目度が高くなりやすいという点である。とくに男性は女性のセクシーな刺激に目が引きつけられる。世の中にはあまりにも多くの広告が存在するため、そもそも初めの段階で目を引きつけることができれば、それだけ効果が大きくなるのである。

もう1つの理由は錯誤帰属効果である。人はセクシーな刺激を見ると心拍が増大したり、血圧が上がったり、呼吸パターンが浅く速くなったりする。いずれも興奮反応である。このような興奮反応は実際にはセクシーな刺激によって喚起されたものだが、時に誤って商品によって引き起こされたものだと感じてしまう。例えば、ハワイの浜辺にいるセクシーな女性の刺激→生理的興奮→ハワイという刺激によって興奮していると誤って

セクシー広告

あなたが男性なら、この広告には注意が向くはずだ。世の中には膨大な数の広告があふれ返っているので、何よりもまず目を引きつける刺激を用いるのが鉄則だ。

帰属→ハワイに対する好感度の形成、というメカニズムである。これは吊り橋効果と言われているものと同様なメカニズムである。

　ただし、セクシー広告は、異性の注目を浴びやすいものの、同性からは反発を感じられる場合が多いことも指摘されている。そのため、広告を作る側は、両性から好感を持たれるようなセクシー広告を作るように努力しなければならない。

比較によって優位性を示す

　比較広告も最近ではしばしば見られるようになってきた。これはライバル会社の商品と自社商品を比較して提示し、自社商品の優位性を示そうとするタイプの広告である。比較広告で世界的に有名なのは、コカ・コーラとペプシコーラの比較広告合戦（実際にはペプシ側がコカ側に仕掛けている場合が多い）やマクドナルドとバーガーキングの比較広告合戦などである。これらの広告は果たして効果はあるのだろうか。

　確かに比較広告は私たちの目を引く。そのため、注目効果はあるだろう。しかし、この種の広告ではライバルの商品に対してケチをつけるということが公然と行われるわけである。「他人の悪口を言う人は嫌われやすい」というのは心理学でも検証されている事実であるので、この効果が注目効果を上回ってしまう可能性がある。このバランスをうまくとっていくのが比較広告を成功させるコツである。ペプシコーラの広告においては、広告全体をユニークでコメディ仕立てにすることが多く、「他人の悪口」効果を笑いによって弱めている。また、ライバル会社の

比較広告

Chones / Shutterstock.com

これは自社商品とライバル会社の商品を比較して提示し、自社商品の優位性を示そうとするタイプの広告だ。ただし、あまりにネガティブな内容だと、見ているほうは気持ちがよくないので、広告としてはかえって逆効果になる。

名前を直接出さず、D社、S社などと仮名とすることや比較対象を他社でなく自社の古い商品などとすることもよく使われるテクニックである。

最近よく使われている方法は、他社の商品に直接ケチをつけるのではなく、自社の商品はこの分野でナンバーワンだと主張する方法である。これはナンバーワン広告と言われるテクニックである。

恐怖を与えて行動を変える

最後に恐怖喚起広告について見てみよう。恐怖喚起広告は見る人に恐怖を与えて行動を変容させようとする広告である。具体的には「歯茎のケアをおろそかにしていると歯周病になってしまうので、この歯みがき粉を使いましょう」とか、「チャイルドシートを使用しないと事故のとき子どもが車外に放り出されてしまうので、チャイルドシートを使いましょう」というような広告である。この種の広告は「タバコの吸いすぎで肺がんになるからタバコを控えましょう」とか「コンドームを使用しない性行為によって性感染症になる危険性があるので、コンドームを使いましょう」などの公共広告でもよく使用されている。

恐怖喚起広告

公共広告でよく使用される手法で、恐怖を与えることにより行動の変容を促そうとする。一般的には恐怖が強いほど効果が大きい。恐怖への対処法も同時に提示すると、より効果的になる。

恐怖喚起広告は、一般には恐怖が強いほど効果が大きいが、一定以上の恐怖が生じると防衛メカニズムが働き、「これは自分とは関係ない話だ」とか「これは大げさすぎる」などと合理化してしまい、逆に効果が弱まってしまう場合があることが知られている。また、恐怖だけを生じさせてもダメで、そこから逃れるための対処方法を効果的に提示することが必要であることもわかっている。

（越智啓太）

セクシー広告の効果

レッドブルは本当に翼を授ける？

Keywords
サブリミナル効果
プライミング
無意識的活性化

　みなさんは「レッドブル」を飲んだことはあるだろうか。レッドブルは、オーストリアの会社が販売する清涼飲料水である。主にカフェイン、アルギニン、ナイアシン、パントテン酸を含む栄養ドリンクとして知られ、パフォーマンスを発揮したいとき、例えば受験勉強のときや大事な試合の前、絶対に成功させたいプロジェクト会議の前などに飲んだことがある人も多いのではないだろうか。レッドブルは、日本を含めて世界160か国以上で販売されており、エナジードリンクとして売り上げ、シェアともに世界第1位である。レッドブルの世界的な大成功は、「レッドブル、翼をさずける」というキャッチコピーによるところもかなり大きいだろう。私たちは、レッドブルを飲むと眠気が吹き飛んで、パフォーマンスが向上するように「感じて」はいるが、本当に翼を授けられている、すなわち、パフォーマンスは向上しているのだろうか。

無意識のうちに影響を受ける

　レッドブルが本当に翼を授けるかどうかを考える上で、私たちの「意識」について考える必要がある。精神分析の分野では、人間の心は、意識、前意識、無意識の3つに分けられる。意識とは、自分で現在認識している内容のことであり、直接的に心の現象として経験していることとも言える。一方、前意識とは、自分で現在認識していないけれど、努力すれば思い出すことができる内容を指す。そして、自分で現在認識しておらず、努力しても思い出せない内容が無意識である。精神分析の創始者として知られる

III 環境との複雑なインタラクション

ジークムント・フロイトが、自由連想法を用いて、そのような無意識にあるものを意識に持っていくことで理解しようとしたことは有名である。

レッドブルを飲むことで、「今回の仕事は絶対に成果を出そう」と気合いが入ることは、意識に上っている心的活動である。その一方で、無意識

大成功の秘密

巧みなキャッチコピーに誘われてレッドブルを飲むと、確かに眠気が吹き飛んでパフォーマンスが向上するような感じがする。レッドブルの世界的な大成功の背景には、どのような心理的メカニズムが働いているのだろうか。

PhotoTodos/Shutterstock.com

の心の働きにも注目してみると興味深い。心理学において、自分がまったく気がつかなかったような映像や音声といった刺激から無意識のうちに影響を受けることが知られており、これをサブリミナル効果と呼ぶ。サブリミナル効果については、市場調査の専門家ジェームズ・ヴィカリーによるコカ・コーラ実験が有名である。コカ・コーラ実験は、1957年にアメリカのニュージャージー州のドライブインシアターで行われた。その当時人気のあった『ピクニック』という映画が上映されている間、「DRINK COKE（コーラを飲め）」「EAT POPCORN（ポップコーンを食べろ）」という文字を、視聴者の意識に上らないくらいほんの一瞬映し出したところ、映画館の売店でのコカ・コーラの売り上げが18.1％、ポップコーンの売り上げは57.7％も増加したというものである。後に、ヴィカリー自身がこの実験のデータは確かなものではなかったと告白しているが、コカ・コーラ実験の逸話はサブリミナル効果として今でも語り継がれている。

イメージ通りのパフォーマンス

サブリミナル効果の真偽は、心理学においても決着はついていない

が、サブリミナル効果の存在を支持するような研究が報告されていることもまた事実である。もし、意識に上らない、すなわち、無意識の中で私たちが何らかの刺激から影響を受けるのだとしたら、レッドブルを飲むことで意識化できるようなもの以外からも影響を受ける可能性が考えられる。

　非常に興味深いことに、これまでにレッドブルが本当に翼を授けるのかということを直接的に検討した研究が世界には存在する。ボストン大学のアダム・ブラゼルとジェームズ・ギプスは、Xbox 360用のレースゲーム「Forza Motorsport 2」を用いた実験を行った。このレースゲームでは車体にカスタムペイントを施すことが可能であり、レッドブルのペイントの車に加え、レッドブルと同じくらいの知名度のブランドであるコカ・コーラ、ギネス、トロピカーナのペイントの車、そして、ブランドのペイントが入っていない緑の車の5種類が用意された。これらの車は、車体のペイント以外の性能はまったく同じに設定されていた。そして実験では、70人の参加者がレースのタイムトライアルに挑戦した。最初に、ゲームのコントローラの操作に慣れてもらうために、実験で用いるコースと同じコースを5周走った。そして、実験本番では、5種類の車をそれぞれランダムな順番で1回ずつ操作し、3周のレースを5回行った。その後、参加者がどの車を操作したときに一番速く走ることができていたかを調べた。

　その結果、レッドブルのペイントの車を操作した場合、レッドブルの持つブランドイメージの通りのパフォーマンスが確認された。すなわち、車の性能自体に違いはないにもかかわらず、レッドブルのペイントの車を走らせた場合に一番速いタイムを記録した参加者が多かったのである。その一方で、レッドブルのペイントの車を走らせた場合に、コースから何度も外れてしまい、一番遅いタイムを記録した参加者も同じくらい多かった。コカ・コーラ、ギネス、トロピカーナのペイントの車とブランドのペイントが入っていない緑の車については、そのような傾向は確認されず、いずれも一番速い記録から一番遅い記録までランダムにばら

カーレースのゲームを用いたブラゼルらの実験によると、車の性能に違いはないにもかかわらず、多くの参加者は、レッドブルのペイントが施された車を操作したときに一番速いタイムを記録した。ただし、レッドブルの車で、コースアウトなどにより一番遅いタイムを記録した参加者も同じくらい多かった。まさにレッドブルの大胆、好戦的なイメージが影響を与えた結果だろう。

ついていることが確認された。

　この実験に先立って、33人の学生がそれぞれのブランドの持つ印象について調査に回答しており、レッドブルに対して「速い」「力強い」「エネルギーにあふれている」「大胆である」「好戦的である」といった印象が持たれていることが明らかになっていた。レッドブルのペイントの車が他の車を走らせた場合に比べて、速くゴールすることもあれば、コースアウトを繰り返して遅くなってしまうこともあるという結果は、まさにレッドブルに対して多くの人が持つイメージと重なるものであった。さらに、参加者の大半は車の性能に違いがないと感じていたこともわかり、無意識のうちにパフォーマンスにレッドブルのペイントが影響を与えていたことも示された。

　何らかの刺激によって、私たちが無意識に影響を受けるということは日常生活の中でも普遍的に見られる。もしかすると、レッドブルはキャッチコピーのように、本当に「翼をさずけ」ているのかもしれない。

（新岡陽光）

レッドブルは本当に翼を授ける？

事故も進化する

Keywords
ヒューマンエラー
カテージチーズモデル
インターフェース

航空機、鉄道、原子力発電所、化学工場、石油採掘施設、病院などでしばしば重大な事故が発生し、犠牲者が出てしまう。これらの施設は最先端の科学技術によって作られ、また、そこで働くスタッフも高度な訓練を受けていることが多い。それにもかかわらず、なぜ事故が発生してしまうのだろうか。このような事故の中には、そもそも私たちにとって未知の現象が原因であったり、私たちの能力では太刀打ちできないような大自然の猛威などによるものもある。しかし、これらの事故を詳細に分析してみると、その中にはかなり大きな割合でヒューマンエラー、つまり、人間のミスがこれらの事故を引き起こしてしまっているケースが含まれていることがわかってきた。システムの中で中核を担っている「人間」に脆弱性の元があったということである。そこで、これらの事故の原因を明らかにし、それを防いでいくための研究が行われるようになってきた。

人間が犯すエラー

ヒューマンエラーとはどのようなものなのだろうか。ヒューマンエラーの著名な研究者であるジェームズ・リーズンは、ヒューマンエラーを4種類に分類している。まず第1のものは、スリップと言われるものである。これは注意不足が主な原因であり、一連の動作の一部が抜かされてしまったり、一度行ったことを再度行ってしまうなどのエラーである。第2のものは、ラプスと言われるものである。これは記憶違いによるもので、計画や場所、手順などを忘れてしまったことから生じる、「し忘

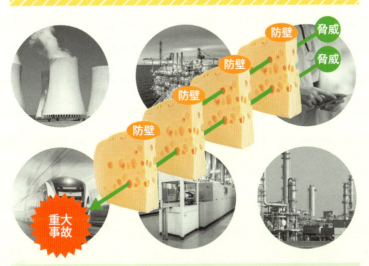

カテージチーズモデル

防壁が何重に設けられていても、たまたまいくつかのヒューマンエラーが重なってそれらを突破してしまうと、重大事故を引き起こす。

れ」現象が代表的である。これらはいずれも「うっかり」と言われるようなもので、意図せざる行為におけるエラーである。第3のものはミステークと言われるもので、これは自分自身の知識が不完全であったり、ルールの適用を誤ったりして生じるエラーのことである。第4のものは、バイオレーションと呼ばれるものである。これは日常の業務の中で決められた手順を厳密に遵守していくというルールが次第に守られなくなったり、単純化されてしまったりした結果生じるエラーのことである。

リーズンのヒューマンエラーの分類はさまざまな事故の分析に有効に利用可能なものだが、実際の事故はこれらのさまざまな要因が組み合わさって発生する。航空機や原子力発電所、化学工場などは、たとえそれを操作する人間が些細な間違いをしてしまっても、それだけで重大な結果を引き起こさないような多重防護措置がとられていることが多い。

しかし、それらのエラーがたまたま重なってしまうことによって重大

な事故が発生してしまうのである。このようなエラーのモデルをカテージチーズモデルという。カテージチーズは、ご存じの通り、何か所か穴の開いたチーズである。この穴がヒューマンエラーを指す。私たちが使用しているシステムは、1つのミスでは確かに重大な事故にはつながらないようにできている。何枚も積み重ねたカテージチーズの1つの穴を突破しても、他のチーズがそのエラーが重大な事故につながるのを止めてくれる。しかし、たまたま、低い確率ではあるが、何枚かのカテージチーズの穴が同じ場所にあると、同時にすべての穴を通過してしまい、事故につながってしまうというのである。

人間とコンピュータの対立

　このようなヒューマンエラーを防ぐための1つの方法はコンピュータ化である。航空機や自動車で言えば、自動運転がこれにあたる。コンピュータは、私たちがうっかり犯してしまう、スリップやラプスを防ぐことができるし、また、その演算速度は人間よりもはるかに高速なので、人間以上の速度で危険を察知したり、危険回避行動を行ったりして、ヒューマンエラーを防ぐことができると考えられたのである。

　ところが、これらのテクノロジーの進展は新たなタイプの事故を引き起こすようになった。いくらコンピュータ化が進んでも、最終的には何らかの形で人間の意思とコンピュータの意思を調和させなければならない。このインターフェースの失敗による事故が生じてきたのである。

　1994年9月、ルーマニアのブカレスト空港から飛び立ったタロム航空のエアバスA310は、悪天候の中、パリのオルリー空港に着陸しようとしていた。高度510メートルでフラップを20度に下ろしたとき、突風が吹き、一時的にスピードが増加した。速いスピードでフラップが出たままだと、場合によってはフラップが破損してしまう。これを察知したフライトコンピュータは、自動操縦を下降・着陸モードから上昇モードに自動的に変化させた。ところがこのモードに入ったことに気づかなかった

III 環境との複雑なインタラクション

新しいタイプの事故

1994年9月のタロム航空の事故では、突風によりフライトコンピュータが自動操縦を上昇モードに切り替え、これに気づかなかった機長が何とか下降させようとした結果、機体は非常に不安定な状況になり失速した。幸い墜落は免れたが、人間とコンピュータの意思疎通の失敗による新たなタイプの事故である。

機長は、着陸させようとしていた飛行機が急に上昇に転じた理由がわからず、操縦桿を押して何とか飛行機を下降させようと考えた。この時点で自動操縦は飛行機を上昇させようとし、パイロットはそれを下降させようとしてまったく反対の操作が機体に加えられることになった。その結果、機体は非常に不安定な状況になり、60度近くまで機首を上げ失速した。このケースではかろうじて墜落は回避できたが、一歩間違えば飛行機は墜落してしまう可能性もあった（同様の問題で墜落まで至ってしまったケースとして、1994年4月の中華航空のエアバスA300による名古屋空港での事故がある）。

このような、コンピュータと人間の意思疎通の失敗に起因する事故は、コンピュータ化が進んだための新しいタイプの事故と言えるだろう。使いやすさを追求するためにテクノロジーを進歩させても、その結果として、新たなタイプの事故が起きてしまう可能性があるのだ。

（越智啓太）

! 事故も進化する

他者の感情を読み取る能力

Keywords
エリオットの症例
感情知性
表情認知
扁桃体
読書

著名な神経科学者アントニオ・ダマシオは、1994年の著書『デカルトの誤り』の中で、脳腫瘍除去手術を受けたエリオット（当時30代の優秀な商社マン）の症例を報告している。手術の際、腫瘍によりダメージを受けた前頭葉組織も除去された。手術は成功したものの彼には異変が生じた。ある異変は感情の平坦化である。彼に情動的刺激、例えば地震で崩壊するビル、燃えさかる家屋、残虐な事件の被害者などを提示しても何の反応も示さなかった。もう1つの異変は、意思決定の障害である。仕事のスケジューリングや優先順位をつけることができず、場当たり的な行動が多く見られるようになった。それにより解雇や離婚などを繰り返し、最終的には障害者手当に頼る生活を送ることになった。エリオットの症例には特筆すべき点が他にもある。それは彼がウェクスラー式知能検査や失語症検査、ミネソタ多面人格目録（MMPI）などのあらゆる心理検査において、平均以上の高い能力を示している点である。

エリオットは、術後もなお基本的な知能や言語、記憶、注意などは優れている一方で、感情と意思決定に問題があった。たとえ高い知能が備わっていても、適応的な社会生活が送れるとは限らない。それには知能よりもっと大切な能力が必要となる。

適応的な社会生活を送るために

その大切な能力とは、感情知性（EI）と呼ばれるものであり、簡単に言えば、他人の気持ちを汲み、それに寄り添い、また自分の感情をうまくコントロールする能力であると考えられてい

る。EIが低ければ、会社では上司や同僚との人間関係に悩み、プライベートでは友人とのトラブルを引き起こすことになる。つまり、EIは、社会生活において、望ましい形で振る舞う社会的能力の指標と言える。

知能が判断や推論、言語などさまざまな知的能力が複合した概念であるのと同様に、EIもさまざまな感情に関わる能力が複合した概念である。EI研究の第一人者ピーター・サロベイとジョン・メイヤーによると、EIは、おおむね以下の4種類の下位能力、すなわち、①感情の知覚、②感情の理解、③感情の制御、④感情を利用した思考で構成されているという。感情の知覚とは、自分自身や他人の感情を適切にとらえ理解する能力である。感情の理解とは、感情が生じた原因を推測し、どのように変化するかを予測する能力のことをいう。感情の制御は、感情にのまれることなく、自分をコントロールする能力である。感情を利用した思考は、感情を動機づけのように利用して問題解決や創造的思考などに役立てる能力のことである。

感情知性

感情知性
①感情の知覚
②感情の理解
③感情の制御
④感情を利用した思考

感情知性とは、他人の気持ちを汲み、それに寄り添い、自分の感情をうまくコントロールする能力のこと。これには4種類の下位能力があると考えられている。

他人の表情が読み取れない障害

非行少年には共感性や罪悪感の欠如が見られるが（➡ 4 7）、その背後にはEIの問題があることが指摘されている。非行少年が抱えるEIの問題には、他者の表情認知の障害もある。京都大学の佐藤弥らは、少年院の入所者と健全な少年に、6つの表情（怒り、嫌悪、恐怖、幸福、悲しみ、驚き）

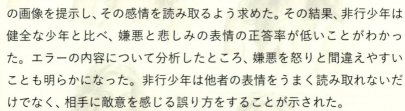

の画像を提示し、その感情を読み取るよう求めた。その結果、非行少年は健全な少年と比べ、嫌悪と悲しみの表情の正答率が低いことがわかった。エラーの内容について分析したところ、嫌悪を怒りと間違えやすいことも明らかになった。非行少年は他者の表情をうまく読み取れないだけでなく、相手に敵意を感じる誤り方をすることが示された。

　表情認知の障害には、脳の扁桃体に障害がある可能性が示されている。京都大学の村井俊哉は、脳炎後に未知相貌の誤認、つまり知らない人を知っていると思う症状を示した60代女性の症例を紹介している。彼女の症状は、見知らぬ人物にためらいなく接近して話しかけ、昔から知っていると語るというものであった。その原因を探るべくさまざまな検証が行われた。例えば、著名人や無名のモデルが混在した顔写真を提示し、既知顔・未知顔に分類する課題を行わせたところ、彼女はすべてを既知顔に分類した。また、表情認知検査を行ったところ、嫌悪、怒り、恐怖のネガティブな表情に対する読み取り能力が低下していることがわかった。さらにMRI（核磁気共鳴画像法）検査で、脳炎によって両側の扁桃体に損傷があることも明らかになった。扁桃体は情動の中枢とも呼ばれ、快・不快の情動的観点から外部の刺激を評価する。とくに恐怖や不安などのネガティブな情動処理に深く関わっており、そうした表情の読み取りにも関連している。この女性についても、扁桃体に損傷が認められることから、未知の他者であっても不安を感じずに接近するような行動が見られたものと考えられる。

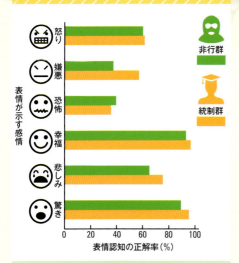

非行少年の表情認知

佐藤らの研究によると、非行少年は健全な少年に比べ、相手のネガティブな感情、とくに嫌悪と悲しみの表情の読み取り成績が低かった。

この女性や冒頭で紹介したエリオットの症例からもわかるように、EIの働きは、意思や行動の制御に関わる前頭前野、情動の評価に関わる扁桃体などの神経基盤によって支えられていると考えられる。

読書がEIを向上させる

　2013年、「サイエンス」誌に、読書によって共感性が高められるという論文が掲載された。著者はニュースクール大学のデイヴィッド・キッドらである。彼らは読書と共感性の関係についていくつかの実験を行った。ある実験では、文学小説（全米図書賞の受賞作品など）とノンフィクション（総合科学誌「スミソニアン」）から6つの文章が抜き出され、実験参加者はそのうちの1つを読んだ。その後、目元のみが映された画像からその人物の感情状態を推定する課題（RMET）が行われた。その結果、文学小説群のほうが、ノンフィクション群よりも、感情を正しく読み取れることが示された。ノンフィクション以外にも、ロマンスや冒険ものなどの大衆小説読書群、何も読まない群などの条件も設けて、文学小説群と比較されたが、どの条件においても文学小説を読ませたときにのみ他者感情の認知成績が高くなった。

　この理由としては、文学作品では、登場人物の意図や感情の変化、また人物間の関係性については、明確に示されないことが多く、会話や状況の描写など些細な手がかりから推測すること、つまり行間を読む作業が要求される。この行間を読む能力が他者感情を読み取る能力に反映されると考えられている。

行間を読む能力

キッドらの研究成果を踏まえると、私たちは文学小説を読むことによって他者感情を読み取る能力を育むことができる。行間を読む能力が鍛えられ、それが他者感情の認知能力に反映されていくという仕組みだ。

（大上　渉）

他者の感情を読み取る能力

犯罪者の歪んだ認知

Keywords
共感性
反社会的認知
レイプ神話
扁桃体
前頭前野

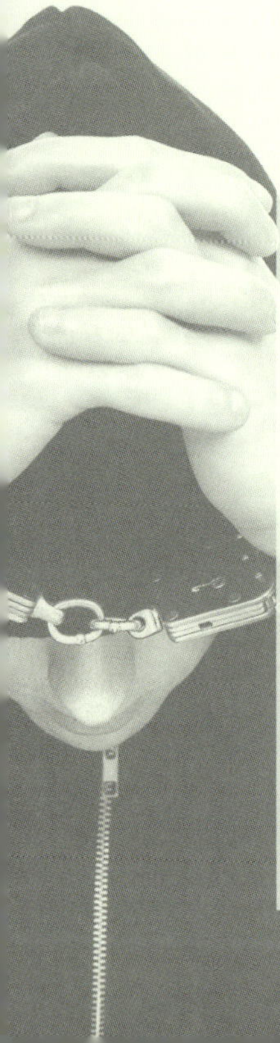

多くの刑事裁判において、その判決文の文面に「自己中心的な」や「自己本位な」、また「身勝手な」などの言葉が並ぶことはよく知られている。これらは、被告の行いやその動機について、裁判官がどのように認識したかを示している。つまり、裁判官は、殺人や強盗などの被告人は他人のことを一切省みず、自分の利益や欲求を満たすことのみを優先させた、ととらえていることがうかがえる。また、最近の非行少年に対する少年院の法務教官の認識を示した法務省の調査（2006年）においても、非行少年の同様の性質が指摘されている。この調査では、法務教官607人に対し、非行少年の資質、規範意識、交友関係、保護者の指導力、家族関係の問題などについて尋ねた。回答結果のうち、非行少年の資質、規範意識および交友関係について因子分析を行ったところ、人に対する思いやりが欠け、感情をコントロールできない「衝動性」、誘いを断れず不良交友関係を断ち切れない「同調性」、周りと協調せず円滑な対人関係を結べない「対人障害」の3因子が抽出された。さらにこれら3因子の中で、最近の非行少年の問題性として多くの法務教官が選択した項目を見ると、衝動性因子では「人に対する思いやりや人の痛みに対する理解力・想像力に欠ける」が6割を超えていた。つまり、裁判官も、少年院の法務教官も、非行少年は他人に対する共感性に問題があると認識していることがわかる。

裁判官、法務教官による犯罪者・非行少年に対する認識は、彼らの実務経験を踏まえた単なる意見に過ぎないとも言える。しかしながら、彼らの認識が正しいことは、数々の実証的研究によっても裏づけられている。

反社会的認知の特徴

犯罪心理学者の原田隆之は、犯罪者や非行少年に見られる反社会的な認知、つまり犯罪を許容し、望ましいものとしてそれに接近する認知として、①反社会的な合理化、②犯罪的他者への同一化、③規範の無視の3つを挙げている。反社会的な合理化とは、「相手が自分のことをバカにした」「仲間を守るためにやった」などと言い訳をし、犯行を正当化することである。この正当化という認知的操作を行うことで、自分の行いに伴う罪悪感や羞恥心を緩和しようとする。犯罪的他者への同一化とは、犯罪者に憧れて、彼らの価値観（例えば「正直者は馬鹿を見る」「任侠道こそ男らしい生き方」）や行動様式を学び、内面に取り入れ、反社会的行動を許容する態度が形成されることである。規範の無視とは、法やルールは守らなければならない、他人の権利は尊重しなければならないなどの社会的な規範が獲得されておらず、規範を無視したり、反抗したりすることをいう。

また、性犯罪者に特有な認知として、「レイプ神話」と呼ばれる認知があることも知られている。女性の性や行動についての歪んだ認知である。社会心理学者の大渕憲一は、性犯罪者、一般犯罪者（財産犯や覚醒剤事犯など）、男子大学生、女子大学生の4群に対し、レイプ神話の信念（暴力的性の容認、女性のレイプ願望、女性の落ち度や隙、女性によるレイプ事件の捏造）を調査した。その結果、女性のレイプ願望については、4群間で有意差が見られ、性犯罪者が最も支持し、次いで一般犯罪者、男子大学生が続き、女

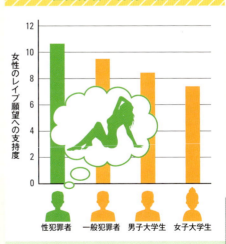

性犯罪者に特有の認知

大渕の調査では、性犯罪者は一般犯罪者や大学生に比べ、有意に女性にはレイプ願望があるということを信じていた。

子大学生が最も支持しない結果となり、性犯罪者が女性のレイプ願望を強く支持していることが明らかになった。

犯罪者の脳はどこか違うのか

　犯罪者の反社会的認知については、彼らの脳の機能や構造などに問題があることを指摘した研究もある。例えば、ドイツのゲーテ大学のフィリップ・ステルツァらは、攻撃的で、反社会的行動を繰り返す素行障害の非行少年と、統制群として健全な少年に対し、情動的な画像と中性的な画像を提示した。その際の脳の活動状況をfMRI（機能的磁気共鳴画像法）で測定した。その結果、情動的な画像を提示した際、非行少年群は統制群よりも、前帯状皮質と扁桃体に活動低下が見られた。前帯状皮質は、認知的葛藤、意思決定などの他に、感情的行動の制御にも関わる部位と見られることから、その活動の低下は衝動的行動や攻撃性を高める可能性がある。

　また、扁桃体は情動の中枢や司令塔とも呼ばれる部位であり、快・不快や恐怖などを決める。扁桃体が除去されたり、あるいはその活動が著しく低下すると、クリューバー・ビューシー症候群と呼ばれ、恐怖や不安などを感じにくくなることが知られている。つまり、扁桃体の活動低下は、情動的刺激に対する感受性が低下することを示している。素行障害の非行少年は、衝動的行動の抑制と情動刺

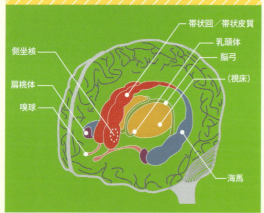

非行少年の脳の機能

ステルツァらが反社会的行動を繰り返す非行少年と健全な少年の脳機能をfMRIで調べたところ、非行少年には前帯状皮質と扁桃体に活動低下が見られた。図は、大脳皮質の内側に位置する大脳辺縁系の全体像を示している。大脳辺縁系には原始的・本能的な情動や学習、記憶に関わる部位が含まれており、前帯状皮質も扁桃体も、こうした重要な心理的機能を担っている。

激の認知の両方に問題を抱えていることが示唆される。

　また、ペンシルベニア大学のエイドリアン・レインらは、反社会性パーソナリティである21人と、薬物やアルコールの依存症ではあるものの反社会性パーソナリティではない26人、そして健常な34人の脳をMRIでスキャンした。その結果、反社会性パーソナリティ群の前頭前野の灰白質は、健常群（統制群）と比べると11％、また依存症群と比べると13.9％も体積が減少していた。薬物やアルコールが灰白質減少の原因と考えられたが、反社会性パーソナリティ群と依存症群の比較から、そうではないことがわかる。前頭前野は認知、情動、行動の調整機能などを担っており、そこに器質的問題があると反社会的な行動や暴力が発現しやすくなる。

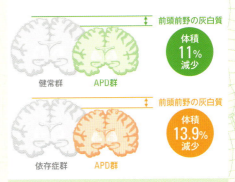

反社会性パーソナリティ群の脳の構造

レインらの研究によると、反社会性パーソナリティ群（APD群）の前頭前野の灰白質の体積は、健常群と比べて11％、薬物やアルコールの依存症群と比べても13.9％減少していた。前頭前野は、認知や情動、行動の調整機能を担う領域である。

反社会的行動の変容に向けて

　犯罪者の反社会的行動の変容に対しては、犯罪者の認知や行動に対する働きかけ、具体的にはモデリングやロールプレイなどを通じた歪んだ認知の修正や、ソーシャルスキルの習得からなる認知行動療法が効果的であるとされている。わが国においても、2012年の犯罪対策閣僚会議で策定された再犯防止に向けた総合対策（今後10年間で刑務所再入所者の20％の削減を目指す）や2016年の再犯防止法の制定・施行によって、犯罪者に対する認知行動療法が広まり実践され、その効果を示すエビデンスが蓄積されつつある。

（大上　渉）

犯罪者の歪んだ認知

48 精神疾患になりやすい人ほど創造的なのか

Keywords
創造性
統合失調症
双極性障害
遺伝
ビッグデータ

最近読んだ芸術系大学の学生たちの日常に迫ったノンフィクション作品には、彼らのユニークなエピソードが数多く載っていた。芸術系大学の学生は音楽、美術、舞台芸術などに秀でた人たちであり、彼らのエピソードからは、これらの芸術に関わる職業で身を立てている人たちの意外な側面をうかがい知ることができる。芸術家のような高い創造性を発揮する人というのは、どこか「普通」からかけ離れたところがある。創造的な人とは、どのような人なのだろうか。その創造性は何に由来するのだろうか。

創造的な人たちのエピソード

　高い芸術的才能を持ち、素晴らしい作品を残した人の中には、不幸にも悲劇的な最期を遂げた人がいる。19世紀後半に多くの優れた作品を残した画家であるフィンセント・ファン・ゴッホは、代表的な精神疾患である統合失調症が疑われている。統合失調症では、物事の意味づけが極めて不条理となり、解体した思考、異常な知覚と不適切な情動と行為が生じる。

　数学者であり、経済学の理論の発展に大きく貢献したジョン・ナッシュはマサチューセッツ工科大学で教えていたが、統合失調症を発症した。奇行が目立つようになり、プリンストン大学のキャンパスを徘徊していた。ナッシュの統合失調症は20年以上の後に寛解し、1994年にノーベル経済学賞を受賞した。

　音楽家でジャズピアニストのビル・エヴァンスは、20世紀中頃に多くの素晴らしい作品を残したが、精神疾患の一種である

薬物中毒だった。彼の代表的なアルバム『ワルツ・フォー・デビー』は今から60年ほど前に録音されたとは思えないくらい洗練された曲で満ちており、モダンジャズの歴史的名盤として評価も高く、レストランやバーのバックグラウンドミュージックとしては定番だ。しかし、それらの曲を演奏した彼は長い間、薬物中毒の状態にあり、演奏とは対照的に、生活は苦難に満ちた悲劇に近いものだった。

創造性と精神疾患

古来、優れた芸術家や学者には、精神疾患をうかがわせるエピソードがつきまとう。

　優れた創造性を発揮する人の中には、双極性障害を発症する人もいる。双極性障害では、いわゆる「ハイ」な気分になって活動的になる躁状態と、無気力で無感動な抑うつ状態の入れ替わりが生じる。躁状態の時期には、何事もうまくいくと過度に楽観的になり、行動が活動的になりすぎてしまう。遺伝子解析によれば、精神疾患を発症するかどうかについては、ある程度の遺伝的な要因が具体的に特定されている。

経験か、生まれつきか

　こうしたエピソードから、創造的であることと精神疾患を発症することの間には関係がありそうだということが想像されるが、それは単なる偶然なのだろうか。例えば統合失調症では、不合理で現実離れした思考が生じる。これはある意味で、芸術家の、多くの人とは異なる、いわゆる常識的ではない認知スタイルとある程度共通の方向性を持つようにも思われる。

創造的であることと精神疾患に関係があるとすれば、どういう要因が関わっているのだろうか。例えば、創造的な人は、作品を仕上げるような集中力を必要とする仕事に打ち込みすぎた結果として、精神疾患になるのだろうか。この場合、精神疾患は、創造性を持つ人が経てきた「経験」による副次的な効果と言えるだろう。それに対し、創造的な人は「生まれつき」精神疾患になりやすい傾向を持っているのだろうか。このような難しい問題を検討するため、統計遺伝学者のロバート・パワーらは、遺伝子解析のビッグデータを利用した研究を行い、2015年に発表した。以下、パワーらの論文に基づいた結果を紹介しよう。

大規模な遺伝子解析の結果

創造性にはさまざまな側面があり、また科学的な調査のために誰もが納得する形で創造性を定義することはなかなか難しいということも事実である。そのためパワーらの研究では、創造性を持つ人たちを、芸術に関わる職業に限定して分析を行っている。

アイスランドで行われた国家レベルの遺伝子調査による8万人以上の遺伝子情報に基づいて、個人ごとの統合失調症および双極性障害のリスク得点を求めた。その上で、個人の職業との関連が見られるかを分析した。この研究で創造的であると見なされた人たちは、俳優、ダンサー、音楽家、美術家、作家の芸術協会・団体に所属している1,024人だった。分析には、実際に統合失調症または双極性障害と診断された人は除かれた。その結果、統合失調症と双極性障害のリスク得点は、その人が創造的な職業に就いているかどうかと、偶然とは考えにくい関連があることがわかった。

論文では、調査対象者の学歴など他の個人的属性との関連も慎重に検討されているが、統合失調症と双極性障害のリスク得点は、後天的と考えられる、環境的要因である教育水準（学校に通った年月、大学の学位）と関連があった。これはつまり、精神疾患リスク得点の高い人は高い水準

の教育を受けている傾向が見られた、ということだ。しかし、これらの要因を考慮しても、遺伝的な精神疾患リスク得点と創造性の間には統計的に意味のある関連が見られた。精神疾患のリスクがある人は高学歴であることが多いが、高学歴でなくても創造的である傾向が高いということだ。

さらにパワーらは、精神疾患リスク得点とそれ以外の疾患のリスク得点の関連を検討している。その結果、20の項目についてのいずれとも、精神疾患とそれ以外の疾患の間で統計的に意味のある関連は見られなかった。したがって、身体の何かの病気が原因となって精神疾患が生じる可能性は低いと言えるだろう。

オランダ、スウェーデンでの調査でも、統合失調症と双極性障害のリスク得点は芸術家であるかどうかと、偶然とは考えられない関連があることが明らかになった。もちろん、精神疾患のリスクがある人すべてが必ず創造的であるというわけではない。ただ、確率的に考えれば、遺伝的に精神疾患のリスクがある人ほど創造的であると言える。　　　（光藤宏行）

ビッグデータから見えてくること

高い創造性
精神疾患のリスク
遺伝

パワーらはアイスランドの8万人以上の遺伝子情報に基づいて分析を行い、その結果、遺伝的に精神疾患のリスクのある人ほど創造的であることがわかった。分析ではその人の学歴や教育水準など環境的要因も慎重に考慮されたが、それでも、精神疾患のリスクと創造性には統計的に有意な関連性のあることが明らかになった。

精神疾患になりやすい人ほど創造的なのか

49

環境とストレスの複雑な関係

Keywords
ヤーキーズ・ドッドソンの法則
覚醒度
プライミング
食物連鎖

1994年にアメリカで行われたサッカーのワールドカップ決勝はブラジルとイタリアが対戦し、前半と後半、さらには延長戦でも決着がつかず、ペナルティキック戦にもつれ込んだ。ゴールの前で、キッカーがゴールキーパーと一対一で対面し、ボールを蹴る。通常はこのような状態ではキッカーのほうが有利である。イタリアのキャプテン、ロベルト・バッジョは5人目のキッカーを務めた。このようなとてつもない緊張を感じる環境の中、通常のキックはできず、ゴールを大きく外してしまった。

環境の変化はストレスになる

練習や通常の状態では問題なく行えることが、心理的なプレッシャー、緊張感、ストレスを感じるような場面や環境でできなくなることは、しばしば起こる。ゴルフ、サッカー、野球などではイップスと名づけられ、それを克服するためにはどうしたらよいかという研究も行われている。

スポーツに限らず、日常の生活でも、楽しいこともあれば苦しいこともある。学校の生活では、遠足、運動会などの普段とは異なる場面や環境は人によっては楽しみであるだろうし、苦しいと思う人もいるだろう。いずれの場合であっても、いつもと違うことを行うときは、ゆったりとリラックスはできず、環境が変わると、緊張したり、ストレスを感じる。ストレスとは、精神的または身体的に負担となる状況や対象である。学年が上がったり、進学したり、就職すると、新しい環境に適応することが求め

られる。新しい環境でうまくいくかどうかにかかわらず、環境の変化は一般的にはストレスと言える。

環境の変化でストレスを感じるのは、それほど不思議なことではないし、生物の進化にとって適応的であるとも考えられる。何かの学習課題を行う場合、適度なストレスがあると（ラットの場合は電気ショックを与える）、成績は向上するが、弱すぎたり強すぎるストレスは成績を低下させる。これをヤーキーズ・ドッドソンの法則と呼ぶ。人間に限らず、直面したことのない問題に対応し解決することは、生存の上で重要であるだろう。ストレスを覚醒度ととらえれば、問題解決のため、ストレスによって覚醒度や活動状態を高めて、今まで行えなかったことが学習できるようになるのは、ある意味、合理的な仕組みなのかもしれない。

ストレスとは、精神的または身体的に負担となる状況や対象である。環境の変化は一般的にはストレスである。

ストレスが対人環境に影響？

環境がストレスに影響を与えるのとは反対に、ストレスが周りの環境に影響を与えることもあるのだろうか。環境を対人環境ととらえると、すぐ思いつく例がある。例えば、誰か機嫌が悪い人が近くにいて、それにつられて、周りにいる自分の気分が悪くなる……こともある気がする。ただ、こういう日常の例では、近くの人の機嫌が悪いというよりは、そちらに自分の注意が向いた結果であるとか、自分がもともと気分が悪かったという可能性を否定できない。心理学の実験では、このような影響を排除するために、専用の実験室で実験を行うことが多い。

心理学者のシーラ・マーフィーとロバート・ザイアンスが行った実験で

は、参加者に無意識的にストレスを感じさせるような刺激として怒りの表情の画像を短時間提示し、その後に中立的な外国語の文字（漢字）を評定させるという手続きがとられた。表情の画像を提示する時間はわずか4ミリ秒であり、その直後に見慣れない文字がターゲットとして2秒提示された。この場合にはストレスを生じさせるのは現実の人間ではなく人間が怒っている顔の画像で、ストレスを視覚情報として与えているということになる。そして、ここでは参加者が対人環境側という位置づけだ。

中立的なターゲット文字の評定を行うということで、対人環境への影響が測定された。結果は、表情が意識に上らないような短い提示時間のときは、中立的な文字に対する評定は否定的な方向にシフトした。したがって、誰かのストレスが、対人環境に影響を与えるということは確かにあるのかもしれない。

ストレスは伝染する

怒りの表情（4ミリ秒）
中立的な文字（2秒）

マーフィーらの実験では、怒りの表情の画像をごく短時間提示した後に中立的な文字の評定をさせると、参加者は中立的な文字に否定的な評定を行った。これは誰かのストレスが対人環境に影響を与えると言える一例である。

物理的環境にも影響？

対人環境ではなく、物理的な意味での環境に誰かのストレスが影響するということはありうるだろうか。耐え難いストレスがあってそこから逃れることを困難に感じると、最悪の場合、死を選ぶことが頭をよぎるかもしれない。死んだら、主観的な悩みはこの世から消えて、苦しみもなくなるのだろうか。霊魂、魂があるかというのは、ふと考えることではある。霊魂、魂などはないと考えれば、その人が感じた悩みは世の中から永遠に消えるかもしれない。しかし、誰かが感じたストレスが、環境に影響を与

えるかもしれないことを示す研究が発表されている。

　動物や植物は死んだら、微生物によって分解されて土になる。生態学・森林環境学の研究者ドロール・ハウレナらが選んだ研究対象は、バッタであった。土には、動物や植物の死骸が含まれる。微生物によって分解されたものだ。ここでは、捕食者であるクモを見せてストレスを強く感じたバッタと、その周りの植物がどのように分解されるかが調べられた。その結果、強いストレスを感じて死んだバッタは、周りの草の分解速度を遅らせるということを示すデータが得られた。ストレスを強く感じると、バッタなどの被食動物の化学的組成が変化し、これが植物の分解を遅らせると考えられる。植物の分解が遅れるということは食物連鎖のサイクルが変化するということであり、ストレスは環境にも影響を与えているということだ。

　このようなことが本当なら、誰かのストレスは、私たちがまだ知らない仕組みで、他の誰かに物理的に影響を与えている可能性もある。

（光藤宏行）

ストレスは植物の分解を遅らせる

捕食者

周囲の植物の分解を遅らせる

強いストレス

ハウレナらの研究によると、捕食者であるクモを見てストレスを強く感じて死んだバッタの死骸は、そうでないバッタよりも、周囲の植物の分解を遅らせた。バッタのストレスは、その死後も環境に漂って影響を与えているというわけだ。

環境とストレスの複雑な関係

認知心理学のこれから

Keywords
実験
応用認知心理学
脳神経科学
進化心理学

　本書で述べてきたように、認知心理学は着実に発展を続け、人間のさまざまな機能を明らかにしてきた。現在では心理学の主要な研究分野として位置づけられるまでになった。では、認知心理学は今後、いったいどのようにさらなる発展を遂げていくのであろうか。ここでは4つの方向性について見てみよう。

4つの方向性

　第1に挙げられるのは、私たちの認知処理におけるユニークな現象をさまざまな実験により発見し、その特徴について明らかにしていくというアプローチである。これはまさに認知心理学の王道と言ってもよいアプローチであろう。認知心理学は、その成立から現在までの約半世紀の間、さまざまなユニークな現象を発見してきた。記憶研究に限っても、一度目にしたり読んだりした単語や図形についての認知処理は次にそれら

認知のユニークな現象の発見

人間の認知機能についてはまだまだわからないことがたくさんある。そうした謎をさまざまな実験を通じて発見し、解明していくことは、引き続き認知心理学の王道的なアプローチである。

を処理するときは促進されるというプライミング現象や、子どもの頃から現在までのエピソード記憶の集積である自伝的記憶現象、一度記憶した出来事が後から入ってきた情報によって容易に変容してしまうという事後情報効果などの現象はその後の多くの研究を生み出すきっかけとなり、私たち人間の認知システムについての知見を新たにしただけでなく、脳機能の研究や人工知能の研究にも大きく貢献した。私たちの認知システムの中にはまだまだ発見されていなかったり、詳しいことがわかっていない現象が存在する。これらを地道に発見し、研究していくことが求められている。

　第2に挙げられるのは、さまざまな社会システムや日常生活の中に認知心理学の知見を応用していくとともに、それらの中で生じる問題点を認知心理学の知見を使って解決していくという応用的なアプローチである。例えば、人間がふと犯してしまうエラーやミスのメカニズムの研究は、事故防止やより使い勝手のよい道具やコンピュータインターフェースの設計に応用することができる。また、数学や言語、音楽、運動の学習についての研究は、よりよい教育手法や教材の開発、学習障害児への支援などにつながる。認知心理学の基礎研究は現在、成熟の域に達しており、今まさにさまざまな社会的ニーズに応えることができる知識体系となっている。

現実のさまざまな問題解決

認知心理学の研究成果は、いまや多様な社会的ニーズに応えられる知識体系になっている。これらを応用して現実の問題解決を図る研究が求められている。

第3に挙げられるのは、脳神経系の研究との協働によって人間についての理解を進展させるというアプローチである。言うまでもなく人間の脳神経系は非常に複雑で高度なシステムである。その理解のためには、脳自体の解剖学的な研究だけでは不十分であることがわかっている。医学や神経科学は、ハードウェアとしての脳神経系を明らかにするためのさまざまな技術を開発してきたが、認知心理学はそのソフトウェア的な側面を明らかにするための技術を開発してきたと言えるだろう。脳の機能的な活動のモデルであるパーセプトロンや神経回路網モデルなどもその開発には心理学が大きな役割を果たしている。これらの双方の技術が力を合わせることによって、脳という「人体最後のフロンティア」を開拓していくことができるのである。

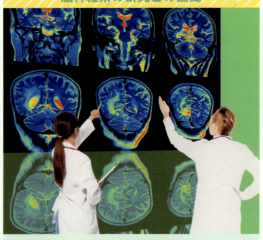

脳神経系の研究との協働

「人体最後のフロンティア」とも呼ばれる脳の謎の解明は、脳のハード面を主に研究する医学や神経科学だけでは達成できない。ここに脳のソフト面を研究する認知心理学の大きな役割がある。

第4に挙げられるのは、進化心理学的なアプローチとの統合である。心理学は私たち人間の持つさまざまな特性について明らかにしてきたが、そのような機能がなぜ存在するのか、そのような機能の意味は何なのかについては何も答えを出すことができなかった。この問題に挑戦しているのが進化心理学的なアプローチである。このアプローチでは、進化論的な観点から、人間はより多くの遺

伝子を後世に残すための行動や認知を進化させてきたととらえる。つまり、ある行動や認知が存在するのは、そのような行動や認知が私たちの遺伝子を後世に残すために何らかの有利な意味を持っていたからだととらえるのである。最近では認知心理学と進化心理学が急接近しており、これらの共同研究が進んでいけば、なぜ私たちはものがそのように見えるのか（知覚）、なぜ記憶しやすいものとしにくいものがあるのか（記憶）、なぜそのように考えるのか（思考）、なぜそのようなコミュニケーションが行われるのか（言語）などの究極の問題に答えが出るかもしれない。今後大いに期待できる研究分野である。

進化心理学的アプローチとの統合

人間の心は複雑で高度な情報処理を行っているが、そもそもなぜそのような仕組みが存在するのだろうか。進化心理学の視点を取り入れることで、もしかしたらこの究極の問いに答えが出るかもしれない。

知のフロンティアを走る

いずれにせよ、ほぼ半世紀前に生まれた認知心理学という研究分野が今や最も重要な心理学の分野の1つとなり、そして、今後、人間を理解していくためには欠かすことができない知識体系となることは確かであろう。そのような意味で、認知心理学を学んでいくことは、知のフロンティアを走る者にとっては欠かせないことになっているのである。　　　　（越智啓太）

参考文献・図表出典

01 箱田裕司・都築誉史・川畑秀明・萩原滋 (2010). 認知心理学 有斐閣

道又爾・北崎充晃・大久保街亜・今井久登・山川恵子・黒澤学 (2011). 認知心理学――知のアーキテクチャを探る (新版) 有斐閣

02 Gegenfurtner, K. R., & Sharpe, L. T. (Eds.) (1999). *Color Vision: From Genes to Perception.* Cambridge: Cambridge University Press.

Jameson, K. A., Highnote, S. M., & Wasserman, L. M. (2001). Richer color experience in observers with multiple photopigment opsin genes. *Psychonomic Bulletin & Review*, 8, 244-261.

大山正 (1994). 色彩心理学入門――ニュートンとゲーテの流れを追って 中央公論社

Snowden, R., Thompson, P., & Troscianko, T. (2006). *Basic Vision: An Introduction to Visual Perception.* Oxford: Oxford University Press.

03 Blake, R., Turner, L. M., Smoski, M. J., Pozdol, S. L., & Stone, W. L. (2003). Visual recognition of biological motion is impaired in children with autism. *Psychological Science*, 14, 151-157.

Freitag, C. M., Konrad, C., Haberlen, M., Kleser, C., von Gontard, A., Reith, W., et al. (2008). Perception of biological motion in autism spectrum disorders. *Neuropsychologia*, 46, 1480-1494.

Johansson, G. (1973). Visual perception of biological motion and a model for its analysis. *Perception & Psychophysics*, 14, 201-211.

日本視覚学会 (編) (2000). 視覚情報処理ハンドブック 朝倉書店

04 Fleming, R. W., Dror, R. O., & Adelson, E. H. (2003). Real-world illumination and the perception of surface reflectance properties. *Journal of Vision*, 3, 347-368.

東山篤規 (2012). 体と手がつくる知覚世界 勁草書房

Motoyoshi, I., Nishida, S., Sharan, L., & Adelson, E. H. (2007). Image statistics and the perception of surface qualities. *Nature*, 447, 206-209.

Nishida, S., & Shinya, M. (1998). Use of image-based information in judgments of surface-reflectance properties. *Journal of the Optical Society of America A*, 15, 2951-2965.

05 Howard, I. P., & Rogers, B. J. (2012). *Perceiving in Depth (Vol. 2): Stereoscopic Vision.* New York: Oxford University Press.

06 Gibson, E. J., & Walk, R. D. (1960). The "Visual Cliff." *Scientific American*, 202, 64-71.

Palmer, S. E. (1999). *Vision Science: Photons to Phenomenology.* Cambridge, MA: MIT Press.

エイムズの部屋 Artazum/Shutterstock.com

07 北岡明佳 (2010). 錯視入門 朝倉書店

日本視覚学会 (編) (2000). 視覚情報処理ハンドブック 朝倉書店

08 グレゴリー, R. L. 近藤倫明・中溝幸夫・三浦佳世 (訳) (2001). 脳と視覚――グレゴリーの視覚心理学 ブレーン出版

Skinner, B. F. (1932). A paradoxical color effect. *Journal of General Psychology*, 7, 481-482.

09 Grondin, S. (2010). Timing and time perception: A review of recent behavioral and neuroscience findings and theoretical directions. *Attention, Perception, & Psychophysics*, 72, 561-582.

Kanai, R., Paffen, C. L., Hogendoorn, H., & Verstraten, F. A. (2006). Time dilation in dynamic visual display. *Journal of Vision*, 6, 1421-1430.

田山忠行 (1987). 時間知覚のモデルと時間評価のモデル. 心理学評論, 30, 423-451.

山本健太郎 (2016). 感じる時間のメカニズム. 三浦佳世 (編著) 感性認知――アイステーシスの心理学 (pp.91-105) 北大路書房

10 Artwohl, A. (2002). Perceptual and memory distortion during officer-involved shootings. *FBI Law Enforcement Bulletin*, 71, 18-24.

Grossman, D., & Christensen, L. W. (2004). *On Combat: The Psychology and Physiology of Deadly Conflict in War and in Peace.* Illinois: PPCT Research Publications. (グロスマン, D. クリステンセン, L. W. 安原和見 (訳) (2008). 「戦争」の心理学――人間における戦闘のメカニズム 二見書房)

Kobayashi, M., & Ichikawa, M. (2016). Emotions evoked by viewing pictures may affect temporal aspects of visual processing. *Japanese Psychological Research*, 58, 273-283.

大上渉・箱田裕司・大沼夏子・守川伸一 (2001). 不快な情動が目撃者の有効視野に及ぼす影響. 心理学研究, 72, 361-368.

11 Gori, M., Del Viva, M., Sandini, G., & Burr, D. C. (2008). Young children do not integrate visual and haptic form information. *Current Biology*, 18, 694-698.

Nardini, M., Bedford, R., & Mareschal, D. (2010). Fusion of visual cues is not mandatory in children. *Proceedings of the National Academy of Sciences of the United States of America*, 107, 17041-17046.

Treisman, A. M., & Gelade, G. (1980). A feature-integration theory of attention. *Cognitive Psychology*, 12, 97-136.

12 二瀬由理・行場次朗 (1996). 持続的注視による漢字認知の遅延――ゲシュタルト崩壊現象の分析. 心理学研究, 67, 227-231.

Palmer, S. E. (1999). *Vision Science: Photons to Phenomenology.* Cambridge, MA: MIT Press.

13 Chetverikov, A., & Ivanchei, I. (2016). Seeing "the dress" in the right light: Perceived colors and inferred light sources. *Perception*, 45, 910-930.

Schwartz, S. H. (2010). *Visual Perception: A Clinical Orientation (4th ed.).* New York: McGraw-Hill.

あのドレス http://swiked.tumblr.com

14 Cuthill, I. C., Hunt, S., Cleary, C., & Clark, C. (1997). Colour bands, dominance, and body mass regulation in male zebra finches (*Taeniopygia guttata*). *Proceedings of the Royal Society B*, 264, 1093-1099.

Dijkstra, P. D., Preenen, P. T. Y., & van Essen, H. (2018). Does blue uniform color enhance winning probability in judo contests? *Frontiers in Psychology*, 9, 45. doi: 10.3389/fpsyg.2018.00045

Hill, R. A., & Barton, R. A. (2005). Psychology: Red enhances human performance in contests. *Nature*, 435, 293.

大山正（1994）．色彩心理学入門――ニュートンとゲーテの流れを追って　中央公論社

Rowe, C., Harris, J. M., & Roberts, S. C. (2005). Sporting contests: Seeing red? Putting sportswear in context. *Nature*, 437, E10.

Valdez, P., & Mehrabian, A. (1994). Effects of color on emotions. *Journal of Experimental Psychology: General*, 123, 394-409.

15 安藤満代・箱田裕司（1999）．ネコ画像の再認記憶における非対称的混同効果．心理学研究，70, 112-119.

Ando, M., & Hakoda, Y. (2000). Asymmetric effects on recognition of animate objects by children. *Psychological Reports*, 86, 995-999.

Nallan, G. B., Bentley, D. M., Carr, J. F., Lyons, K., Moore, D. S., & Underhill, T. (1994). Adult humans perform better on addition than deletion problems. *Psychological Record*, 44, 489-499.

Ogino, Y., Nemoto, H., Inui, K., Saito, S., Kakigi, R., & Goto, F. (2007). Inner experience of pain: Imagination of pain while viewing images showing painful events forms subjective pain representation in human brain. *Cerebral Cortex*, 17, 1139-1146.

Uchino, Y., & Hakoda, Y. (2011). The role of "*Iwakan*" in the asymmetric effect of additions versus deletions on recognition memory for pictures. *Japanese Psychological Research*, 53, 426-439.

内野八潮・箱田裕司・柴田真理子（2005）．変化の検出における追加・削除の非対称性と違和感．心理学研究，76, 122-130.

16 Davey, G. C. (1994). Self-reported fears to common indigenous animals in an adult UK population: The role of disgust sensitivity. *British Journal of Psychology*, 85, 541-554.

Gerdes, A. B., Uhl, G., & Alpers, G. W. (2009). Spiders are special: Fear and disgust evoked by pictures of arthropods. *Evolution and Human Behavior*, 30, 66-73.

川合伸幸（2016）．コワイの認知科学　新曜社

LeDoux, J. (1996). *The Emotional Brain: The Mysterious Underpinnings of Emotional Life*. New York: Simon & Schuster.（ルドゥー，J．松本元・川村光毅・小幡邦彦・石塚典生・湯浅茂樹（訳）（2003）．エモーショナル・ブレイン――情動の脳科学　東京大学出版会）

Lipp, O. V. (2006). Of snakes and flowers: Does preferential detection of pictures of fear-relevant animals in visual search reflect on fear-relevance? *Emotion*, 6, 296-308.

Matchett, G., & Davey, G. C. (1991). A test of a disease-avoidance model of animal phobias. *Behaviour Research and Therapy*, 29, 91-94.

Öhman, A., Flykt, A., & Esteves, F. (2001). Emotion drives attention: Detecting the snake in the grass. *Journal of Experimental Psychology: General*, 130, 466-478.

押井守・竹内敦志（2004）．押井守・映像機械論「メカフィリア」　大日本絵画

Rachman, S. J. (2004). Fear and courage: A psychological perspective. *Social Research*, 71, 149-176.

柴崎全弘（2017）．ヘビはヒトにとって特別な存在か――心理学者によるヘビの研究．名古屋学院大学論集社会科学篇，54, 183-196.

柴崎全弘・川合伸幸（2011）．恐怖関連刺激の視覚探索――ヘビはクモより注意を引く．認知科学，18, 158-172.

17 Atkinson, R. C., & Shiffrin, R. M. (1968). Human memory: A proposed system and its control processes. In K. W. Spence & J. T. Spence (Eds.), *The Psychology of Learning and Motivation (Vol. 2)*. London: Academic Press.

Atkinson, R. C., & Shiffrin, R. M. (1971). The control of short-term memory. *Scientific American*, 225, 82-91.

Baddeley, A. (2000). The episodic buffer: A new component of working memory? *Trends in Cognitive Sciences*, 4, 417-423.

Sperling, G. (1960). The information available in brief visual presentations. *Psychological Monographs: General and Applied*, 74, 1-29.

鈴木宏昭（2016）．教養としての認知科学　東京大学出版会

Tulving, E. (1972). Episodic and semantic memory. *Organization of Memory*, 1, 381-403.

18 Brewer, W. F., & Treyens, J. C. (1981). Role of schemata in memory for places. *Cognitive Psychology*, 13, 207-230.

無藤隆・森敏昭・遠藤由美・玉瀬耕治（2004）．心理学　有斐閣

Rasch, B., Buchel, C., Gais, S., & Born, J. (2007). Odor cues during slow-wave sleep prompt declarative memory consolidation. *Science*, 315, 1426-1429.

19 足達薫（2002）．ジュリオ・カミッロ『劇場のイデア』――翻訳と註釈（1）．弘前大学人文社会論叢人文科学篇，7, 185-205.

Andrews, L. W. (2002). Passwords reveal your personality. *Psychology Today*, 35, 16.

Baddeley, A. D. (1982). *Your Memory: A User's Guide*. London: Multimedia Publications.（バッドリー，A. D. 川幡政道（訳）（1988）．記憶力――そのしくみとはたらき　誠信書房）

Brown, A. S., Bracken, E., Zoccoli, S., & Douglas, K. (2004). Generating and remembering passwords. *Applied Cognitive Psychology*, 18, 641-651.

Harris, T. (1999). *Hannibal (Vol. 2)*. New York: Delacorte Press.（ハリス，T. 高見浩（訳）（2000）．ハンニバル（下）　新潮社）

伊東裕司（2008）．自己と記憶．太田信夫（編著）記憶の心理学（pp.134-148）　放送大学教育振興会

Kuiper, N. A., & Rogers, T. B. (1979). Encoding of personal information: Self-other differences. *Journal of Personality and Social Psychology*, 37, 499-514.

Nairne, J. S., Thompson, S. R., & Pandeirada, J. N. (2007). Adaptive memory: Survival processing enhances retention. *Journal of Experimental Psychology: Learning, Memory, and Cognition*, 33, 263-273.

Spence, J. D. (1984). *The Memory Palace of Matteo Ricci*. New York: Viking Penguin.（スペンス，J. D. 古田島洋介（訳）（1995）．マッテオ・リッチ　記憶の宮殿　平凡社）

20 Brady, T. F., Konkle, T., Alvarez, G. A., & Oliva, A. (2008). Visual long-term memory has a massive storage capacity for object details. *Proceedings of the National*

Academy of Sciences, 105, 14325-14329.

Gregg, V. H. (1986). *An Introduction to Human Memory*. London: Routledge & Kegan Paul.（グレッグ，V. H. 高橋雅延・川口敦生・菅眞佐子（訳）(1988)．ヒューマンメモリ　サイエンス社）

Russell, R., Duchaine, B., & Nakayama, K. (2009). Super-recognizers: People with extraordinary face recognition ability. *Psychonomic Bulletin & Review*, 16, 252-257.

Shepard, R. N. (1967). Recognition memory for words, sentences, and pictures. *Journal of Verbal Learning and Verbal Behavior*, 6, 156-163.

Standing, L., Conezio, J., & Haber, R. N. (1970). Perception and memory for pictures: Single-trial learning of 2500 visual stimuli. *Psychonomic Science*, 19, 73-74.

21　Glanzer, M., & Cunitz, A. R. (1966). Two storage mechanisms in free recall. *Journal of Verbal Learning & Verbal Behavior*, 5, 351-360.

Healy, A. F., Havas, D. A., & Parker, J. T. (2000). Comparing serial position effects in semantic and episodic memory using reconstruction of order tasks. *Journal of Memory and Language*, 42, 147-167.

Murdock, B. B., Jr. (1962). The serial position effect of free recall. *Journal of Experimental Psychology*, 64, 482-488.

Roediger, H. L., & Crowder, R. G. (1976). A serial position effect in recall of United States presidents. *Bulletin of the Psychonomic Society*, 8, 275-278.

22　Bower, G. H., Gilligan, S. G., & Monteiro, K. P. (1981). Selectivity of learning caused by affective states. *Journal of Experimental Psychology: General*, 110, 451-473.

Chu, S., & Downes, J. J. (2000). Odour-evoked autobiographical memories: Psychological investigations of Proustian phenomena. *Chemical Senses*, 25, 111-116.

Chu, S., & Downes, J. J. (2002). Proust nose best: Odors are better cues of autobiographical memory. *Memory & Cognition*, 30, 511-518.

Duka, T., Weissenborn, R., & Dienes, Z. (2001). State-dependent effects of alcohol on recollective experience, familiarity and awareness of memories. *Psychopharmacology*, 153, 295-306.

Eich, J. E., Weingartner, H., Stillman, R. C., & Gillin, J. C. (1975). State-dependent accessibility of retrieval cues in the retention of a categorized list. *Journal of Verbal Learning and Verbal Behavior*, 14, 408-417.

Godden, D. R., & Baddeley, A. D. (1975). Context-dependent memory in two natural environments: On land and underwater. *British Journal of psychology*, 66, 325-331.

Herz, R. S. (2004). A naturalistic analysis of autobiographical memories triggered by olfactory visual and auditory stimuli. *Chemical Senses*, 29, 217-224.

Peters, R., & McGee, R. (1982). Cigarette smoking and state-dependent memory. *Psychopharmacology*, 76, 232-235.

Tulving, E., & Thomson, D. M. (1973). Encoding specificity and retrieval processes in episodic memory. *Psychological Review*, 80, 352-373.

Witze, A. (2004). Smells like yesterday. The Age. Retrieved from https://www.theage.com.au/articles/2004/09/26/1096137096505.html (April 22, 2018)

23　Carmichael, L., Hogan, H. P., & Walter, A. A. (1932). An experimental study of the effect of language on the reproduction of visually perceived form. *Journal of Experimental Psychology*, 15, 73-86.

Hardt, O., Einarsson, E. Ö., & Nader, K. (2010). A bridge over troubled water: Reconsolidation as a link between cognitive and neuroscientific memory research traditions. *Annual Review of Psychology*, 61, 141-167.

Hupbach, A., Gomez, R., Hardt, O., & Nadel, L. (2007). Reconsolidation of episodic memories: A subtle reminder triggers integration of new information. *Learning & Memory*, 14, 47-53.

Loftus, E. F., & Palmer, J. C. (1974). Reconstruction of automobile destruction: An example of the interaction between language and memory. *Journal of Verbal Learning and Verbal Behavior*, 13, 585-589.

Roediger III, H. L. (1996). Memory illusions. *Journal of Memory and Language*, 35, 76-100.

24　Garry, M., Manning, C. G., Loftus, E. F., & Sherman, S. J. (1996). Imagination inflation: Imagining a childhood event inflates confidence that it occurred. *Psychonomic Bulletin & Review*, 3, 208-214.

Hyman, I. E., & Pentland, J. (1996). The role of mental imagery in the creation of false childhood memories. *Journal of Memory and Language*, 35, 101-117.

Lindsay, D. S., Hagen, L., Read, J. D., Wade, K. A., & Garry, M. (2004). True photographs and false memories. *Psychological Science*, 15, 149-154.

Shaw, J. (2016). *The Memory Illusion: Remembering, Forgetting, and the Science of False Memory*. New York: Random House.（ショウ，J. 服部由美（訳）(2016)．脳はなぜ都合よく記憶するのか——記憶科学が教える脳と人間の不思議　講談社）

高橋雅延 (2002). 偽りの記憶と協同想起. 井上毅・佐藤浩一（編著）日常認知の心理学（pp.107-123）　北大路書房

Wade, K. A., Garry, M., Read, J. D., & Lindsay, D. S. (2002). A picture is worth a thousand lies: Using false photographs to create false childhood memories. *Psychonomic Bulletin & Review*, 9, 597-603.

山辺節子 (2018).「超女子力オバサン」が拘置所で綴った「だから私は愛される」．週刊新潮, 2018年4月26日号.

25　猪股健太郎 (2012)．境界拡張の生起メカニズムに関する理論的考察. 関西大学文学部心理学論集, 6, 23-34.

猪股健太郎 (2014)．境界拡張におけるマルチソース・モデルに関する検討——虚偽記憶およびソースモニタリング・エラーの個人差との関連から．基礎心理学研究, 32, 200-206.

Intraub, H., & Richardson, M. (1989). Wide-angle memories of close-up scenes. *Journal of Experimental Psychology: Learning, Memory, and Cognition*, 15, 179-187.

大原貴弘・國分振 (2002)．画像記憶におけるシーン文脈の影響としての境界拡張．心理学研究, 73, 121-130.

内野八潮・箱田裕司・柴田真理子 (2005)．変化の検出における追加・削除の非対称性と違和感．心理学研究, 76,

122-130.

山田祐樹・三浦佳世（2005）．境界拡張――現象と理論的背景．九州大学心理学研究, 6, 295-303.

境界拡張　Thinglass/Shutterstock.com

26 朝日新聞（2015）．長時間, 車で連れ回しか　目撃情報で車種特定　奈良・少女監禁. 2015年7月6日夕刊, 11.

Fiske, S. T., & Taylor, S. E. (1984). *Social Cognition (1st ed.)*. Reading, MA: Addison-Wesley.

高良加代子・箱田裕司（2008）．見慣れた日常物体の記憶における誤情報効果――新千円札の記憶についての検討．電子情報通信学会技術研究報告（ヒューマン情報処理）, 107(553), 19-24.

Nickerson, R. S., & Adams, M. J. (1979). Long-term memory for a common object. *Cognitive Psychology*, 11, 287-307.

鮫島和行（2010）．神経コード. 村上郁也（編）イラストレクチャー認知神経科学（pp.238-239）オーム社

高橋宏知（2016）．メカ屋のための脳科学入門――脳をリバースエンジニアリングする　日刊工業新聞社

Villegas, A. B., Sharps, M. J., Satterthwaite, B., & Chisholm, S. (2005). Eyewitness memory for vehicles. *Forensic Examiner*, 14, 24-28.

27 Harp, S. F., & Mayer, R. E. (1998). How seductive details do their damage: A theory of cognitive interest in science learning. *Journal of Educational Psychology*, 90, 414-434.

Sabbagh, K. (2011). *Remembering Our Childhood: How Memory Betrays Us*. Oxford: Oxford University Press.（サバー, K. 越智啓太・雨宮有里・丹藤克也（訳）（2011）．子どもの頃の思い出は本物か――記憶に裏切られるとき　化学同人）

28 Brown, R., & Kulik, J. (1977). Flashbulb memories. *Cognition*, 5, 73-99.

Conway, M. A., Anderson, S. J., Larsen, S. F., Donnelly, C. M., McDaniel, M. A., McClelland, A. G., et al. (1994). The formation of flashbulb memories. *Memory & Cognition*, 22, 326-343.

Demiray, B., & Freund, A. M. (2015). Michael Jackson, Bin Laden and I: Functions of positive and negative, public and private flashbulb memories. *Memory*, 23, 487-506.

Finkenauer, C., Luminet, O., Gisle, L., El-Ahmadi, A., Van Der Linden, M., & Philippot, P. (1998). Flashbulb memories and the underlying mechanisms of their formation: Toward an emotional-integrative model. *Memory & Cognition*, 26, 516-531.

Kraha, A., Talarico, J. M., & Boals, A. (2014). Unexpected positive events do not result in flashbulb memories. *Applied Cognitive Psychology*, 28, 579-589.

マイケル・ジャクソンのネームプレート　Gerry Boughan/Shutterstock.com

29 Fisher, R. P., & Geiselman, R. E. (1992). *Memory-Enhancing Techniques for Investigative Interviewing: The Cognitive Interview*. Springfield, IL: Charles C. Thomas Publisher.（フィッシャー, R. P. ガイゼルマン, R. E. 高村茂・横田賀英子・横井幸久・渡邉和美（訳）（2012）．認知面接――目撃者の記憶想起を促す心理学的テクニック　関西学院大学出版会）

Geiselman, R. E., Fisher, R. P., MacKinnon, D. P., & Holland, H. L. (1986). Enhancement of eyewitness memory with the cognitive interview. *American Journal of Psychology*, 99, 385-401.

Jaynes, J. (1990). *The Origin of Consciousness in the Breakdown of the Bicameral Mind*. Boston, MA: Houghton Mifflin.（ジェインズ, J. 柴田裕之（訳）（2005）．神々の沈黙――意識の誕生と文明の興亡　紀伊國屋書店）

相良守次（1960）．図解心理学　光文社

高村茂（2017）．認知面接　越智啓太・桐生正幸（編著）テキスト司法・犯罪心理学（pp.451-466）北大路書房

津富宏（2008）．少年非行対策におけるエビデンスの活用．小林寿一（編著）少年非行の行動科学――学際的アプローチと実践への応用（pp.226-238）北大路書房

30 Inoue, S., & Matsuzawa, T. (2007). Working memory of numerals in chimpanzees. *Current Biology*, 17, R1004-1005.

鹿取廣人・杉本敏夫・鳥居修晃（編）（2015）．心理学（第5版）東京大学出版会

Kuhl, P. K., Stevens, E., Hayashi, A., Deguchi, T., Kiritani, S., & Iverson, P. (2006). Infants show a facilitation effect for native language phonetic perception between 6 and 12 months. *Developmental Science*, 9, F13-F21.

Yang, J., Kanazawa, S., Yamaguchi, M. K., & Motoyoshi, I. (2015). Pre-constancy vision in infants. *Current Biology*, 25, 3209-3212.

31 Henke, J. (1991). Eric Clapton: The Rolling Stone Interview. Rolling Stone. Retrieved from https://www.rollingstone.com/music/news/eric-clapton-the-rolling-stone-interview-19911017 (March 30, 2018)

Hess, R. F., Babu, R. J., Clavagnier, S., Black, J., Bobier, W., & Thompson, B. (2014). The iPod binocular home-based treatment for amblyopia in adults: Efficacy and compliance. *Clinical and Experimental Optometry*, 97, 389-398.

Holmes, E. A., James, E. L., Kilford, E. J., & Deeprose, C. (2010). Key steps in developing a cognitive vaccine against traumatic flashbacks: Visuospatial Tetris versus verbal Pub Quiz. *PLoS One*, 5, e13706.

Lau-Zhu, A., Holmes, E. A., Butterfield, S., & Holmes, J. (2017). Selective association between Tetris game play and visuospatial working memory: A preliminary investigation. *Applied Cognitive Psychology*, 31, 438-445.

マイヤーズ, D. 村上郁也（訳）（2015）．マイヤーズ心理学　西村書店

斉藤まこと（編）（1993）．エリック・クラプトン1968-1993インタヴュー・ストーリー．カット, 1993年10月増刊号．

エリック・クラプトン　JStone/Shutterstock.com

32 今井むつみ（2011）．幼児の言語獲得に関する一考察――ブルーナーの言語獲得論を中心に．学習開発学研究, 4, 21-27.

町田健（2006）．チョムスキー入門――生成文法の謎を解く　光文社

Skinner, B. F. (2014). *Verbal Behavior*. Cambridge, MA: B. F. Skinner Foundation.

33 藤田和生（編著）（2017）．比較認知科学　放送大学

教育振興会
松沢哲郎（2008）．チンパンジーから見た世界　東京大学出版会
村山司・笠松不二男（1996）．ここまでわかったイルカとクジラ――実験と観測が明らかにした真の姿　講談社
ヴァール, F. de　柴田裕之（訳）（2017）．動物の賢さがわかるほど人間は賢いのか　紀伊國屋書店

34　鹿取廣人・杉本敏夫・鳥居修晃（編）（2015）．心理学（第5版）　東京大学出版会

35　針生悦子（編）（2006）．言語心理学　朝倉書店
米田英嗣・仁平義明・楠見孝（2005）．物語理解における読者の感情――予感，共感，違和感の役割．心理学研究, 75, 479-486.
野崎広志・中澤俊哉・重永実（1989）．物語理解におけるエピソード・ネットワークの構築．情報処理学会論文誌, 30, 1103-1110.
小方孝・堀浩一・大須賀節雄（1996）．物語のための技法と戦略に基づく物語の概念構造生成の基本的フレームワーク．人工知能学会誌, 11, 148-159.

36　Darling, S., Martin, D., Hellmann, J. H., & Memon, A. (2009). Some witnesses are better than others. *Personality and Individual Differences*, 47, 369-373.
東まどか（2011）．グローバル処理傾向と表情・人物認知　九州大学大学院人間環境学府行動システム専攻修士論文
町山智樹（2006）．ブレードランナーの未来世紀　洋泉社
Macrae, C. N., & Lewis, H. L. (2002). Do I know you? Processing orientation and face recognition. *Psychological Science*, 13, 194-196.
Marr, D., & Nishihara, H. K. (1978). Representation and recognition of the spatial organization of three-dimensional shapes. *Proceedings of the Royal Society B*, 200, 269-294.
Martin, D., & Macrae, C. N. (2010). Processing style and person recognition: Exploring the face inversion effect. *Visual Cognition*, 18, 161-170.
Navon, D. (1977). Forest before trees: The precedence of global features in visual perception. *Cognitive Psychology*, 9, 353-383.
二瀬由理・行場次朗（1997）．Navon現象の諸相とその脳内基盤について．人間科学, 3, 1-18.
大橋智樹・行場次朗（2001）．複合数字抹消検査による全体・部分情報に対する注意制御特性．北陸心理学会第36回大会発表論文集, 51-52.
高橋ヨシキ（2017）．ブレードランナー 朽ち果てた未来．中子真治（監修）ブレードランナー究極読本＆近未来SF映画の世界 (pp.124-133) 洋泉社

37　萩原滋（2010）．文化と認知．箱田裕司・都築誉史・川畑秀明・萩原滋（2010）．認知心理学 (pp.414-438) 有斐閣
石井敬子（2014）．文化神経科学．山岸俊男（編著）文化を実験する――社会行動の文化・制度的基盤 (pp.35-62)　勁草書房
増田貴彦（2014）．文化と心．山岸俊男（編著）文化を実験する――社会行動の文化・制度的基盤 (pp.3-33)　勁草書房
Masuda, T., & Nisbett, R. E. (2001). Attending holistically versus analytically: Comparing the context sensitivity of Japanese and Americans. *Journal of Personality and Social Psychology*, 81, 922-934.
Masuda, T., & Nisbett, R. E. (2006). Culture and change blindness. *Cognitive Science*, 30, 381-399.
Masuda, T., Russell, M. J., Chen, Y. Y., Hioki, K., & Caplan, J. B. (2014). N400 incongruity effect in an episodic memory task reveals different strategies for handling irrelevant contextual information for Japanese than European Canadians. *Cognitive Neuroscience*, 5, 17-25.
Nisbett, R. E. (2003). *The Geography of Thought: How Asians and Westerners Think Differently ... and Why*. New York: Free Press.（ニスベット, R. E. 村本由紀子（訳）(2004)．木を見る西洋人　森を見る東洋人――思考の違いはいかにして生まれるか　ダイヤモンド社）
丹藤克也（2007）．検索誘導性忘却における反応基準と回想経験の役割――Remember/Know手続きを用いた検討．認知心理学研究, 5, 23-31.
Uchida, Y., Ueno, T., & Miyamoto, Y. (2014). You were always on my mind: The importance of "significant others" in the attenuation of retrieval-induced forgetting in Japan. *Japanese Psychological Research*, 56, 263-274.

38　坂井克之（2008）．心の脳科学――「わたし」は脳から生まれる　中央公論新社
Thompson, P. (1979). Margaret Thatcher: A new illusion. *Perception*, 9, 483-484.
コントラストチャート http://ohzawa-lab.bpe.es.osaka-u.ac.jp/ohzawa-lab/izumi/CSF/A_What_is_CSF.html
ハイブリッド画像 http://cvcl.mit.edu/hybrid_gallery/monroe_einstein.html

39　Gray, K., & Wegner, D. M. (2012). Feeling robots and human zombies: Mind perception and the uncanny valley. *Cognition*, 125, 125-130.
Little, A. C., Hockings, K. J., Apicella, C. L., & Sousa, C. (2012). Mixed-ethnicity face shape and attractiveness in humans. *Perception*, 41, 1486-1496.
MacDorman, K. F., & Chattopadhyay, D. (2016). Reducing consistency in human realism increases the uncanny valley effect: Increasing category uncertainty does not. *Cognition*, 146, 190-205.
森政弘（1970）．不気味の谷．エナジー, 7, 33-35.
Yamada, Y., Kawabe, T., & Ihaya, K. (2013). Categorization difficulty is associated with negative evaluation in the "uncanny valley" phenomenon. *Japanese Psychological Research*, 55, 20-32.

40　Little, A. C., Apicella, C. L., & Marlowe, F. W. (2007). Preferences for symmetry in human faces in two cultures: Data from the UK and the Hadza, an isolated group of hunter-gatherers. *Proceedings of the Royal Society B*, 274, 3113-3117.
越智啓太（2013）．美人の正体――外見的魅力をめぐる心理学　実務教育出版
Rhodes, G., Proffitt, F., Grady, J. M., & Sumich, A. (1998). Facial symmetry and the perception of beauty. *Psychonomic Bulletin & Review*, 5, 659-669.
ゼブロウィッツ, L. A.　羽田節子・中尾ゆかり（訳）(1999)．顔を読む――顔学への招待　大修館書店

参考文献・図表出典

41 カスパロフ, G. 染田屋茂(訳)(2017). ディープ・シンキング――人工知能の思考を読む 日経BP社

Silver, D., Huang, A., Maddison, C. J., Guez, A., Sifre, L., Van Den Driessche, G., et al. (2016). Mastering the game of Go with deep neural networks and tree search. *Nature*, 529, 484-489.

42 Danziger, S., Levav, J., & Avnaim-Pesso, L. (2011). Extraneous factors in judicial decisions. *Proceedings of the National Academy of Sciences of the United States of America*, 108, 6889-6892.

Johansson, P., Hall, L., Sikstrom, S., & Olsson, A. (2005). Failure to detect mismatches between intention and outcome in a simple decision task. *Science*, 310, 116-119.

ウィトゲンシュタイン, L. 山元一郎(訳)(2001). 論理哲学論 中央公論新社

43 杉本徹雄(編)(2013). マーケティングと広告の心理学 朝倉書店

田中洋(2015). 消費者行動論 中央経済社

比較広告　Chones/Shutterstock.com

44 Brasel, S. A., & Gips, J. (2011). Red Bull "Gives You Wings" for better or worse: A double-edged impact of brand exposure on consumer performance. *Journal of Consumer Psychology*, 21, 57-64.

池上知子(2000). 書評――坂元章・森津太子・坂元桂・高比良美詠子(編)『サブリミナル効果の科学――無意識の世界では何が起こっているか』. 社会心理学研究, 16, 66-67.

中山元(2015). フロイト入門 筑摩書房

下條信輔(2008). サブリミナル・インパクト――情動と潜在認知の現代 筑摩書房

レッドブル　PhotoTodos/Shutterstock.com

45 遠藤浩(1998). ハイテク機はなぜ落ちるか――コンピュータ化が引き起こす新たな航空機事故 講談社

芳賀繁(2003). 失敗のメカニズム――忘れ物から巨大事故まで 角川書店

46 Damasio, A. R. (1994). *Descartes' Error: Emotion, Reason, and the Human Brain.* New York: Avon Books. (ダマシオ, A. R. 田中三彦(訳)(2010). デカルトの誤り――情動, 理性, 人間の脳 筑摩書房)

Kidd, D. C., & Castano, E. (2013). Reading literary fiction improves theory of mind. *Science*, 342, 377-380.

村串俊哉(2007). 社会化した脳 エクスナレッジ

大上渉・松本亜紀(2015). 感情知性(EI)を育む児童自立支援施設の試み. 箱田裕司・遠藤利彦(編) 本当のかしこさとは何か――感情知性(EI)を育む心理学(pp.60-78) 誠信書房

Salovey, P., & Mayer, J. D. (1990). Emotional intelligence. *Imagination, Cognition and Personality*, 9, 185-211.

佐藤弥・魚野翔太・松浦直己・十一元三(2008). 非行少年における表情認識の問題. 映像情報メディア学会技術報告, 32(43), 1-4.

47 Bonta, J. (2012). The RNR model of offender treatment: Is there value for community corrections in Japan? *Japanese Journal of Offenders Rehabilitation*, 1, 29-42. (ボンタ, J. 染田恵(訳)(2012). 日本の犯罪者の社会内処遇制度におけるRNRモデルの有効性. 更生保護学研究, 1, 43-56.)

Decety, J., Michalska, K. J., Akitsuki, Y., & Lahey, B. B. (2009). Atypical empathic responses in adolescents with aggressive conduct disorder: A functional MRI investigation. *Biological Psychology*, 80, 203-211.

福岡千秋・元村直靖(2017). 身体部位を使用したメンタルローテーション課題が疼痛に及ぼす影響. 大阪医科大学看護研究雑誌, 7, 21-27.

浜井浩一(2009). 2円で刑務所, 5億で執行猶予 光文社

原田隆之(2015). 入門犯罪心理学 筑摩書房

法務省法務総合研究所(2006). 最近の非行少年の特質に関する研究(研究部報告32)

石井佑可子・高橋翠・遠藤利彦(2015). 非行に及ぼす感情の影響――感情知性(EI)と非行少年. 箱田裕司・遠藤利彦(編) 本当のかしこさとは何か――感情知性(EI)を育む心理学(pp.95-115) 誠信書房

松浦直己(2015). 非行・犯罪心理学――学際的視座からの犯罪理解 明石書店

森丈弓(2017). 犯罪心理学――再犯防止とリスクアセスメントの科学 ナカニシヤ出版

大渕憲一・石毛博・山入端津由・井上和子(1985). レイプ神話と性犯罪. 犯罪心理学研究, 23, 1-12.

Raine, A., Lencz, T., Bihrle, S., LaCasse, L., & Colletti, P. (2000). Reduced prefrontal gray matter volume and reduced autonomic activity in antisocial personality disorder. *Archives of General Psychiatry*, 57, 119-127.

Sterzer, P., Stadler, C., Krebs, A., Kleinschmidt, A., & Poustka, F. (2005). Abnormal neural responses to emotional visual stimuli in adolescents with conduct disorder. *Biological Psychiatry*, 57, 7-15.

48 安藤花恵(2016). パフォーマーの感性の熟達. 三浦佳世(編著) 感性認知――アイステーシスの心理学(pp.169-185) 北大路書房

マイヤーズ, D. 村上郁也(訳)(2015). マイヤーズ心理学 西村書店

Power, R. A., Steinberg, S., Bjornsdottir, G., Rietveld, C. A., Abdellaoui, A., Nivard, M. M., et al. (2015). Polygenic risk scores for schizophrenia and bipolar disorder predict creativity. *Nature Neuroscience*, 18, 953-955.

49 箱田裕司・都築誉史・川畑秀明・萩原滋(2010). 認知心理学 有斐閣

Hawlena, D., Strickland, M. S., Bradford, M. A., & Schmitz, O. J. (2012). Fear of predation slows plant-litter decomposition. *Science*, 336, 1434-1438.

Murphy, S. T., & Zajonc, R. B. (1993). Affect, cognition, and awareness: Affective priming with optimal and suboptimal stimulus exposures. *Journal of Personality and Social Psychology*, 64, 723-739.

50 カートライト, J. H. 鈴木光太郎・河野和明(訳)(2005). 進化心理学入門 新曜社

内村直之・植田一博・今井むつみ・川合伸幸・嶋田総太郎・橋田浩一(2016). はじめての認知科学 新曜社

＊本文中の図表のうち, これらの文献を参照して作成したものは, いずれも一部改変している。

人 名

◆あ行
アートウォール, アレクシス 44, 45
アインシュタイン, アルバート 163
アダムス, マリリン 111
アトキンソン, リチャード 74-76
アベルソン, ロバート 151
石黒浩 164
一川誠 46
伊東裕司 84
井上紗奈 128, 129
イントラウブ, ヘレン 106, 107
ヴィカリー, ジェームズ 185
ウィトゲンシュタイン, ルートヴィッヒ 179
ヴィレガス, エイミー 112, 113
ウォーク, リチャード 30
ウォルスター, エレーヌ 168
内田由紀子 158, 159
内野八潮 108, 109
エヴァンス, ビル 200
エーマン, アルネ 68, 69
エビングハウス, ヘルマン 111
大上渉 45, 46
大橋智樹 152
大原貴弘 106, 107
大渕憲一 197
押井守 68

◆か行
ガードナー夫妻 141
カーマイケル, レオナルド 99, 100
ガイゼルマン, エドワード 124, 125
カスパロフ, ガルリ 172, 175
金井良太 42
カミッロ, ジュリオ 83
川合伸幸 69-71
北岡明佳 35
キッド, デイヴィッド 195
ギブス, ジェームズ 186
ギブソン, エレノア 30, 31
ギャリー, マリアンヌ 102, 103
キュイパー, ニコラス 84
行場次朗 152
クーリック, ジェームズ 118
クール, パトリシア 127
クラウダー, ロバート 92
クラプトン, エリック 130, 131
クレイク, ファーガス 76, 83
グレー, カート 166, 167
ケロッグ夫妻 140
髙良加代子 111
ゴールトン, フランシス 169
ゴッホ, フィンセント・ファン 200
ゴドン, ダンカン 96

小林美沙 46, 47
ゴリ, モニカ 51
コンウェイ, マーティン 120, 121

◆さ行
ザイアンス, ロバート 205
サッチャー, マーガレット 118, 120, 121, 160
佐藤弥 193, 194
サバー, カール 114
鮫島和行 110
サロベイ, ピーター 193
シェパード, ロジャー 86
柴崎全弘 69-71
シフリン, リチャード 74-76
シモニデス 82, 83
ジャクソン, マイケル 118-120
シャンク, ロジャー 151
スキナー, バラス 138
スコット, リドリー 152
ステルツァ, フィリップ 198
ソープ, サイモン 165
ソーンダイク, エドワード 150, 151

◆た行
ダーウィン, チャールズ 169
ダーリン, スティーブン 154, 155
高橋宏和 110
高橋雅延 105
高村茂 125
ダマシオ, アントニオ 192
タルヴィング, エンデル 76, 95
チェトヴェーリコフ, アンドレイ 58
チュウ, サイモン 94
チョムスキー, ノーム 137, 138, 146
津富宏 125
テイラー, シェリー 113
トリーズマン, アン 49, 50

◆な行
ナッシュ, ジョン 200
ナディーニ, マルコ 51
ナルン, ジェームズ 85
西田眞也 22
ニスベット, リチャード 156, 157
ニッカーソン, レイモンド 111, 112
ニュートン, アイザック 12
ネイヴォン, デイヴィッド 153

◆は行
ハーツ, レイチェル 94, 95
バートレット, フレデリック 100, 101, 111
ハーブ, シャノン 115-117
パーマー, ジョン 98
ハーマン, ルイス 142, 143
ハイマン, アイラ 104, 105
バウアー, ゴードン 97
ハウレナ, ドロール 207

索引

箱田裕司　111
バドリー, アラン　77, 82, 96
原田隆之　197
パワー, ロバート　202, 203
ピアジェ, ジャン　31, 126, 127
ピーターズ, ロジャー　96, 97
ヒル, ラッセル　62
ビン・ラディン, オサマ　120
フィスク, スーザン　113
フィッシャー, ロナルド　124
フィンケナウアー, カトリン　121
フライタグ, クリスティーヌ　18, 19
ブラウン, ロジャー　118
ブラゼル, アダム　186, 187
プルースト, マルセル　94
ブルーナー, ジェローム　139
ブレイク, ランドルフ　18
ブレイディー, ティモシー　88
プレマック, デイヴィッド　142
フレミング, ローランド　23
フロイト, ジークムント　7, 185
ベイヴィオ, アラン　88
ヘイズ夫妻　140
ヘス, ロバート　132, 133
ヘルムホルツ, ヘルマン・フォン　13
ペントランド, ジョエル　104
ホームズ, エミリー　131
ホームズ, シャーロック　82

◆ま行
マーティン, ダグラス　154, 155
マーフィー, シーラ　205, 206
マクドーマン, カール　166
マクレー, ニール　155
増田貴彦　156-158
松沢哲郎　128, 142
マンセル, アルバート　60
村井俊哉　194
メイヤー, ジョン　193
メイヤー, リチャード　115
本吉勇　23
森政弘　164
モンロー, マリリン　163

◆や行
山田祐樹　166
楊嘉楽　129
ヤング, トーマス　13
ヨハンソン, グンナー　17
ヨハンソン, ペター　178, 179

◆ら行
ラッセル, リチャード　89
ランバウ, デュエイン　142
リーズン, ジェームズ　188, 189
リチャードソン, マイケル　106
リッチ, マテオ　82

リトル, アンソニー　166, 170, 171
リンカーン, エイブラハム　92, 93
リンゼイ, スティーブン　103, 104
ルドゥー, ジョセフ　71
レイン, エイドリアン　199
レクター, ハンニバル　82
レネバーグ, エリック　137
ロウ, キャンディー　63
ローズ, ジリアン　170
ローチュー, アレックス　133
ローディガー, ヘンリー　92, 93
ロックハート, ロバート　83
ロフタス, エリザベス　98, 99, 114

事項

◆あ行
アイコニック・メモリー　75
明るさの対比　56
アテネオリンピック　63
あのドレス　58
アメリカ同時多発テロ事件　118
AlphaGo　175
意識　7, 33, 35, 37, 41-43, 49, 53, 54, 58, 59, 176-178, 184-186, 206
意思決定　114, 192, 198
依存症　199
一次視覚野　38, 71
イップス　204
遺伝子　15, 169, 201-203, 210, 211
意味飽和　54
イメージ　67, 76, 82, 83, 85, 88, 89, 103-105, 109, 123, 132, 150, 152
イルカ　142, 143
違和感　15, 65-67, 96, 165
ウェルニッケ失語　147
『失われた時を求めて』　94
ウルマンの円筒　16, 17
運動からの構造復元　16, 17
運動残効　34
運動視　32, 33
運動視差　17
エイムズの部屋　28, 29
エコイック・メモリー　75
N400　157, 158
エピソード・バッファ　77
エリオットの症例　192, 195
冤罪　122
オペラント条件づけ　138
音韻ループ　77

◆か行
外見的な魅力　168, 170
概日リズム　43, 59

階層文字刺激　153
外側膝状体　38, 71
灰白質　199
顔　89, 122, 152, 154, 155, 160, 161, 163, 166, 168-171, 194
　──認識　38, 155, 160, 161
仮現運動　32, 33
カテージチーズモデル　189, 190
カテゴリー判断　166, 167
感覚支配的行動　31, 176, 177, 179
感覚モダリティ　49, 50
環境　21, 24, 37, 57, 75, 78, 81, 85, 95-97, 130, 139, 140, 156, 176, 204-207
干渉　80, 154
感情　9, 43, 60-62, 64, 66, 67, 79, 96-98, 118, 120, 121, 145, 146, 148, 160, 171, 192-196, 198
　──知性（EI）　192, 193, 195
感じられる時間の長さ　41-43
桿体　15, 38
記憶　8, 9, 41, 44, 45, 54, 64-66, 74-76, 78-81, 85-101, 104, 105, 111-125, 130-133, 158, 159, 161, 174, 180, 188, 192, 198, 208, 209, 211
　──痕跡　80, 121
　──術　82, 83, 85, 89
　──の宮殿　82, 83
　偽りの──　103-105
　意味　76, 77, 92
　エピソード──　8, 76, 77, 92, 101, 209
　画像──　86, 87
　感覚──　74, 75, 78
　作業──（ワーキングメモリ）　77, 133
　視覚的作業──　128
　視覚的短期──　128
　自伝的──　94, 95, 118, 209
　状態依存──　95, 96
　宣言的──　76
　短期──　74-78, 91, 92
　長期──　74, 76, 77, 91, 92, 101, 133
　手続き的──　76, 77, 101
　日常──　111, 113
　フラッシュバルブ──（FBM）　101, 118-121
　文脈依存──　95, 96
機能的磁気共鳴画像法（fMRI）　18, 67, 198
気分一致効果　97
記銘　78, 81, 83-85, 89, 95-97, 106, 111, 115, 123, 159
肌理の勾配　29
弓状束　147
境界拡張　106-108
共感　64, 67, 148
　──性　193, 195, 196
凶器注目効果　79
恐怖　45, 46, 68-71, 98, 160, 183, 193, 194, 198
鏡面反射　21
空間周波数解析　161-163
クモ　68-71, 207
クリューバー・ビューシー症候群　71, 198
群化の法則　52, 53, 161

警察庁　125
系列位置効果　91-93
ゲシュタルト原理　52
ゲシュタルト心理学　52, 53, 161
ゲシュタルト崩壊　54, 55
嫌悪　68, 69, 71, 161, 193, 194
言語　8, 9, 18, 77, 86-89, 100, 131, 132, 136-143, 145-147, 179, 192, 193, 209, 211
　ジェスチャー──　143
言語心理学　137
検索　78, 80, 81, 83-85, 89, 96-98, 124, 158, 159
　──誘導性忘却（RIF）　158, 159
広告　180-183
　恐怖喚起──　183
　セクシー──　181, 182
　タレント──　180
　比較──　182
恒常性　57, 59
行動主義　7, 8
効率的符号化仮説　110, 113
『ゴースト・イン・ザ・シェル』　68
コカ・コーラ実験　185
古典的条件づけ　180
コミュニケーション　60, 136, 140-146, 211
　異種間言語──　141
　言語的──　145, 146
　非言語的──　145
混色　14, 15
コントラストチャート　162
コンピュータ　6-9, 38, 78, 110, 171-175, 190, 191
　──・シミュレーション　173, 174
　スーパー──　126, 172

◆さ行
最近傍対応の原理　33, 34
錯誤帰属　181
錯視　35, 98
　回廊──　57
　サッチャー──　160, 161
　シルエット──　16, 17
　スキナー──　38
　スピンダンサー──　16
　バーバーポール──　35
　ワゴンホイール──　33
錯覚　12, 21, 35, 57, 102
サバイバル処理　84, 85
サブリミナル効果　185, 186
三項関係　136
視覚　12, 13, 16, 17, 21, 23-25, 28, 30, 33-36, 38, 43, 44, 49, 51, 52, 54, 56-59, 63, 68-71, 75, 77, 83, 87-89, 94, 95, 100, 103, 106, 107, 116, 124, 128, 129, 132, 152-155, 161, 165, 206
　──的断崖　31
色覚異常　14, 15
色相円　60, 61
視空間スケッチパッド　77
視空間的ワーキングメモリ　132, 133

軸索　36
思考　8, 9, 59, 127, 139, 144, 172-175, 193, 200, 201, 211
　分析的——　156-159
　包括的——　156-159
自己参照効果　84, 159
事後情報効果　101, 209
視細胞　13, 14, 37, 38
事象関連電位　157, 158
質感　21-23, 129
失語症　147, 192
失読症　147
自白　122
自閉症スペクトラム障害　17-19
社会的アイデンティティ　121
社会的行動　9
視野狭窄　44-47
弱視　132
習得的行動　176-179
樹状突起　36
手話　141, 142
順応　53, 54
　暗——　37
　明——　37
情動　44, 46, 79, 94, 95, 144, 145, 192, 194, 195, 198-200
消費行動　180
情報源誤帰属仮説　105
食物連鎖　207
初頭効果　90-93, 111
徐波睡眠　80
処理水準説　83
処理水準モデル　76
ジョン・F・ケネディ大統領暗殺事件　118
進化　71, 140, 169, 171, 205, 211
進化心理学　210, 211
新近効果　90-93, 111
神経回路　137
　——網モデル　210
神経細胞　20, 36, 38, 80, 110
人工知能　9, 126, 172-175, 209
心の外傷後ストレス障害（PTSD）　130, 131
錐体　14, 15, 37, 38
スーパー・レコグナイザー　89
スキーマ　79, 100, 101, 107, 116, 117, 123
スクリプト　100, 151
ストレス　44, 79, 130, 204-207
スペースシャトル・チャレンジャー号爆発事故　118, 119
スリップ　188, 190
精神疾患　200-203
精神分析　7, 184
生成文法　137, 146
生態学的妥当性　111
性犯罪者　197, 198
前意識　184
前帯状皮質　198

全体処理　154, 155
閃電岩　115
前頭前野　195, 199
前頭葉　192
想起　78, 80, 81, 85, 94, 95, 97, 100, 101, 104-107, 123-125, 158, 159
双極性障害　201-203
創造性　200-203
想像力のインフレーション　102, 103, 105

◆た行

体内時計　41, 59
大脳皮質　147, 198
大脳辺縁系　71, 198
多重貯蔵モデル　74, 75, 91
タロム航空　190, 191
知覚　8, 9, 12-20, 23-25, 27, 28, 32, 34, 38, 44, 45, 47, 52-54, 56, 57, 59, 60, 66, 95, 98, 100, 123, 127-130, 132, 161, 193, 200, 211
　——スキーマ仮説　107
　——的消失現象　53
　——的体制化　52, 161
　運動——　32
　奥行き——　24, 25, 27, 30, 31
　スローモーション的——　47
知識　48, 76, 79, 83, 84, 98, 100, 115, 117, 120, 121, 137, 138, 149-151, 171, 172, 189
　意味論的——　148, 149
知能　77, 192, 193
チャンク　75, 76
注意　42-44, 49, 50, 67, 68, 70, 71, 75, 79, 90, 113, 115, 116, 156-159, 181, 188, 192, 205
中央実行系　77
中華航空　191
超皮質性運動失語　147
超皮質性感覚失語　147
貯蔵　74, 76-81, 92, 95, 98
直観像　78, 79
チンパンジー　128, 129, 140-143
吊り橋効果　182
ディープ・ブルー　172
ディテールの誘惑効果　114-117
適応　85, 130, 192, 204, 205
テトリス　130-133
統合失調症　200-203
統語法　148, 149
透明視　53
倒立顔効果　154
特徴統合理論　49, 50
トラウマ　130-133
取調べ　105, 122, 125

◆な行

ナウ・プリント仮説　119
二重符号化理論　88
認知　41, 44, 45, 48, 64, 65, 67, 74, 77, 83, 88, 100, 113, 121, 153, 155, 156, 158, 159, 164, 166, 168,

171, 195, 197, 199, 208, 209, 211
　　──資源　113
　　──スタイル　113, 201
　　──的倹約家　113
　　──の歪み　47, 197, 199
　　──面接　123-125
　　パターン──　75
　　反社会的──　197, 198
認知科学　78
認知行動療法　199
認知心理学　6-9, 48-50, 78, 128, 132, 208-211
ネイヴォン課題　154, 155
ネットワーク理論　124
脳　6, 12, 18, 19, 36-38, 41, 43, 50, 56, 59, 67, 71, 101, 110, 119, 137, 138, 146, 147, 161, 192, 194, 198, 199, 209, 210
　　──損傷　147
　　──の機能局在　147
　　──の側性化　138

♦は行

パーセプトロン　210
バイアス　123
バイオレーション　189
バイオロジカル・モーション　17-19
ハイブリッド画像　163
ハイライト　21-23, 129
発達　30, 31, 126, 137, 140
　　──段階説　31, 126
発達心理学　127
犯罪者　169, 196-199
反社会性パーソナリティ　199
反社会的行動　197-199
比較文化心理学　156
非行少年　193, 194, 196-198
非対称的混同効果　109
ビッグデータ　202, 203
ヒューマンエラー　188-190
ヒューリスティック　23
表情　145, 160, 161, 163, 193, 194, 206
　　──認識　160, 161
　　──認知　193, 194
　　基本──　161
不安　68, 167, 194, 198
不気味の谷　164-167
符号化　78-81, 88, 89, 92, 95-98, 100, 101, 110, 113, 124
　　──特殊性原理　80, 95, 96, 124
部分処理　154, 155
普遍文法　137
プライミング現象　209
ブラインドデート実験　168
フラッシュバック　131, 132
プルースト効果　94, 95
『ブレードランナー』　152
ブローカ失語　147
文化差　156, 158, 159

文脈　57, 66, 76, 79, 83, 92, 104, 108, 123, 148, 150
平均顔仮説　169
ヘビ　13, 68-71
ベルリンの壁の崩壊　120
変化の見落とし　157
扁桃体　71, 194, 195, 198
防衛メカニズム　183
忘却　80, 119, 132
　　──曲線　111
保持　41, 43, 64, 74-78, 81, 83, 87, 88, 118, 124, 126, 129, 158

♦ま行

マッチング仮説　181
マンセル表色系　60
見当たり捜査　89
ミステーク　189
無意識　7, 8, 184-187, 206
網膜　13, 14, 32, 36-39, 54, 56, 71, 163
　　──像　22, 24, 25, 29, 32, 38, 53, 57
目撃証言　79, 101, 114, 122, 154
モスキート音　127, 128
物語　148-151
　　──文法　151
問題解決　172-174, 193, 205, 209
問題空間　173, 174

♦や行

ヤーキーズ・ドッドソンの法則　205
薬物中毒　201
ヤング・ヘルムホルツの3色説　13

♦ら行

ラブス　188, 190
ランダムドットステレオグラム　25, 26
理性　176-179
リハーサル　75, 77, 83, 91, 92, 120, 121
　　維持──　76, 83
　　精緻化──　76, 83
両眼視差　24
両眼網膜像差　24-27, 32
両眼融合　25, 133
両眼立体視　24, 25, 32
臨界期　137
レイプ神話　197
レストルフ効果　90, 91, 93
レッドブル　184-187
ロボット　164-167
ロンドン警視庁　47, 89

♦わ行

湾岸戦争　120

越智啓太（おち・けいた）

法政大学文学部教授。元警視庁科学捜査研究所研究員。臨床心理士。専門は犯罪心理学、認知心理学。主要著書『ケースで学ぶ犯罪心理学』（北大路書房）、『つくられる偽りの記憶』（化学同人）、『恋愛の科学』（実務教育出版）、『犯罪捜査の心理学』（新曜社）、『高齢者の犯罪心理学』（編著、誠信書房）など。

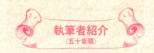

内野八潮（うちの・やしお）

九州大学大学院人間環境学研究院学術協力研究員。博士（人間環境学）。専門は認知心理学。主要著書・論文『心理学 A to B』（分担執筆、培風館）、「線画の再認記憶における非対称的混同効果」（共著、心理学研究）、「変化の検出における追加・削除の非対称性と違和感」（共著、心理学研究）、「The role of "iwakan" in the asymmetric effect of additions versus deletions on recognition memory for pictures」（共著、Japanese Psychological Research）など。

大上　渉（おおうえ・わたる）

福岡大学人文学部准教授。専門は認知心理学、犯罪心理学。主要著書・論文『認知と思考の心理学』（分担執筆、サイエンス社）、『テキスト 司法・犯罪心理学』（分担執筆、北大路書房）、『本当のかしこさとは何か』（分担執筆、誠信書房）、「食品等に対する意図的な異物混入事件の類型化」（共著、心理学研究）、「日本における国内テロ組織の犯行パターン」（心理学研究）、「凶器の視覚的特徴が目撃者の認知に及ぼす影響」（共著、心理学研究）など。

新岡陽光（にいおか・きよみつ）

中央大学研究開発機構ポスドク研究員・同大学理工学部兼任講師。博士（心理学）。専門は認知脳科学、生理心理学。主要著書・論文『テキスト 司法・犯罪心理学』（分担執筆、北大路書房）、『高齢者の犯罪心理学』（分担執筆、誠信書房）、「Cerebral hemodynamic response during concealment of information about a mock crime」（共著、Japanese Psychological Research）、「近赤外分光法を用いた虚偽検出」（法政大学大学院紀要）など。

光藤宏行（みつどう・ひろゆき）

九州大学大学院人間環境学研究院准教授。博士（人間環境学）。専門は知覚心理学。主要著書・論文『心理学ビジュアル百科』（分担執筆、創元社）、『認知心理学ハンドブック』（分担執筆、有斐閣）、『学際研究』（共訳、九州大学出版会）、「Inferring the depth of 3-D objects from tactile spatial information」（Attention, Perception, & Psychophysics）、「Vertical size disparity and the correction of stereo correspondence」（共著、Perception）など。

意識的な行動の無意識的な理由
心理学ビジュアル百科 認知心理学編

2018年10月10日 第1版第1刷発行

編　者──越智啓太
発行者──矢部敬一
発行所──株式会社創元社

〈本　社〉
〒541-0047 大阪市中央区淡路町4-3-6
TEL.06-6231-9010(代)　FAX.06-6233-3111(代)
〈東京支店〉
〒101-0051 東京都千代田区神田神保町1-2 田辺ビル
TEL.03-6811-0662(代)
http://www.sogensha.co.jp/

印刷所──図書印刷株式会社
装丁・コラージュ・本文デザイン──長井究衡

©2018, Printed in Japan
ISBN978-4-422-11684-6 C0311
〈検印廃止〉
落丁・乱丁のときはお取り替えいたします。

JCOPY 〈出版者著作権管理機構 委託出版物〉
本書の無断複写は著作権法上での例外を除き禁じられています。複写される場合は、そのつど事前に、出版者著作権管理機構(電話 03-3513-6969、FAX 03-3513-6979、e-mail: info@jcopy.or.jp)の許諾を得てください。